En *Para amarlo, para honrarlo y ¡para que limpie!*, Sheila habla directo al corazón y se refiere también a los hábitos de la mujer que es esposa y madre. Las enseñanzas de este libro son bíblicas, posibles y asequibles. ¡Lo recomiendo de todo corazón!

Margaret B. Buchanan
Autora de *Famous Jerks of the Bible*

Para amarlo, para honrarlo y ¡para que limpie! es un libro maravilloso y de lectura amena, lleno de consejos y datos prácticos para mujeres atareadas de toda edad. Lo recomiendo.

Linda Hall
Autora del éxito de librería, *Sadie's Song*

Este libro me atrapó de entrada. ¡Pienso que la señora. Gregoire me estuvo espiando! Si alguna vez te sentiste agotada por vivir el sueño de tu vida de tener un hogar y una familia propios, este libro te abrirá los ojos. Las madres cargamos con la culpa de sentirnos abrumadas por las exigencias de la vida, pero en *Para amarlo, para honrarlo y ¡para que limpie!* encontramos maneras de darle la vuelta. Este libro es de «lectura obligatoria» para cualquier mujer que se haya preguntado por qué no siente plenitud de gozo en su papel como «diosa del hogar».

Mia Cronan
MainStreetMom.com

Sheila toma cada aspecto de la vida de una mujer y hace que este tenga sentido; nos ayuda a comprenderlo. No solo menciona las dificultades sino que ofrece soluciones prácticas, sencillas y bíblicas de una manera resumida y de lectura sencilla. Me quito el sombrero ante Sheila por su libro excelente.

Leanne Ely
Presentadora de *Heart of a Woman*;
Autora de *The Frantic Family Cookbook*

Si tienes días en que todavía le dirías «Sí, quiero» a tu marido pero anhelarías decirle: «No» a los montes Everest de ropa para lavar y la salsa para la pasta que salpica sobre las hornallas... este es el libro indicado para ti. Con abundante sabiduría espiritual y consejos prácticos para mantener el hogar en orden poniendo primero tu vida en orden, Sheila Wray Gregoire conduce a las mujeres con amabilidad hacia la Fuente de toda vida, y nos recuerda que nuestro estilo de vida agitado no necesita ser tan caótico. Sus ideas sobre la crianza de los hijos, la organización del hogar y sobre el matrimonio se fundamentan en las Escrituras y se pueden aplicar con facilidad en nuestro hogar. Un nuevo tipo de hogar y de vida familiar puede florecer. ¡Qué alivio!

Karen Stiller
Directora asociada de la revista *Faith Today*,
Escritora y editora independiente, madre de tres niños

Para amarlo, para honrarlo y ¡para que limpie! es un libro inspirador y práctico para las mujeres que sienten que jamás tienen el tiempo necesario para cumplir con sus metas. Sheila Wray Gregoire brinda estrategias prácticas para reducir el tiempo que se emplea en las tareas del hogar para así contar con más tiempo para las cosas importantes, como tu relación con Dios, el tiempo con la familia y el desarrollo de los dones espirituales. Este libro inspirador de lectura amena te ayudará a evitar la trampa del perfeccionismo y a establecer prioridades bíblicas, lo que dará como resultado que tengas menos estrés y un mayor grado de paz y contentamiento. ¡Una lectura fabulosa!

Judy Rushfeldt
Directora de *Canada Family Action Coalition*, escritora
y directora de la revista cibernética www.LifeToolsforWomen.com

...para amarlo, para honrarlo y ¡para que LIMPIE!

Publicado por
Editorial Unilit
Miami, Fl. 33172
Derechos reservados

© 2007 Editorial Unilit (Spanish translation)
Primera edición 2007
Traducido al español con permiso de Kregel Publications.
(Translated into Spanish by permission of Kregel Publications.)

© 2003 por Sheila Wray Gregoire
Originalmente publicado en inglés con el título:
*To Love, Honor, and Vacuum: When You Feel More Like a
Maid Than a Wife and Mother*
por Kregel Publications, una división de Kregel Inc.,
P O Box 2607, Grand Rapids, MI 49501.
Todos los derechos reservados.

Traducción: Adriana E. Tessore de Firpi

A menos que se indique lo contrario, las citas bíblicas se tomaron de
la Santa Biblia Nueva Versión Internacional. © 1999 por la Sociedad
Bíblica Internacional.
Las citas bíblicas señaladas con LBLA se tomaron de la Santa Biblia,
La Biblia de Las Américas. © 1986 por The Lockman Foundation.
Usadas con permiso.

Producto 495441
ISBN 0-7899-1392-5
Impreso en Colombia
Printed in Colombia

Categoría: Vida cristiana/Vida práctica/Mujeres
Category: Christian Living/Practical Life/Women

A Keith,
quien limpia ¡mejor que yo!

Índice

Prólogo

Tú y yo, como todos alguna vez, hemos visto un noticiario acerca de esas casas que parecen abandonadas donde la comida podrida, los pañales sucios, los excrementos de animales y los periódicos amarillentos se acumulan en las ventanas. Aunque sus relatos sean trágicos, he comenzado a sentir un poco de compasión por la gente a la que el caos se les escapa de las manos.

La semana pasada se nos acabó el detergente para lavar la vajilla. Enseguida comenzaron a acumularse las cacerolas y ollas en la pileta de la cocina. En un intento por evitar que los restos de comida se adhirieran y formaran una costra, llené algunas de las ollas con agua que parecía estancada al cabo de los tres días que demoré en ir a comprar detergente.

Durante esos tres días, el lavadero se me convirtió en una pista de obstáculos debido a los diversos montones de ropa y toallas, clasificadas por color pero que todavía no atinaban a llegar a la lavadora. El constante flujo de papeles y monografías de la escuela de mi hija se comenzaron a apilar poco a poco en la mesa del comedor. La encimera de la cocina estaba quedando cubierta de cuentas para pagar, mensajes que responder y toda clase de juguetes y libros en camino al sótano. Tenía que cambiar la bolsa de la basura, al baño le hacía falta una buena limpieza y la sala necesitaba que se le pasara el trapeador. Observé a mi alrededor y pensé: *Así es como se empieza. De esta manera la vida va desgastando la cordura de una persona normal hasta que esta se pierde por completo.*

Si esta descripción te parece una exageración ultradramática, este libro no es para ti. Sin embargo, si estás estresada por el trabajo de la casa y si mantener la casa limpia se ha convertido en un generador de tensiones entre tú y tu familia, estás en el sitio indicado. Para algunas mujeres —¡perdón! para muchas mujeres— las tareas domésticas no son solo algo que hay que hacer sino el símbolo de nuestra identidad. Nuestra capacidad para manejar nuestro hogar refleja nuestra capacidad para manejar nuestra vida y la de nuestra familia.

Es ese simbolismo el que llevó a Sheila a escribir este libro. Reconoce que para muchas de nosotras las tareas de la casa no son solo eso sino que son una fuente de profunda ansiedad, de gran estrés y son además generadoras de fricciones. Sin embargo, no debe ser así.

Sheila te brindará algo que cambiará tus sentimientos hacia tu hogar y hacia todo el trabajo que se requiere para mantenerlo funcionando como corresponde. Pero lo más importante: ella va a desafiar el concepto que tienes de tu papel como esposa y madre. Y no lo digo a la ligera. Leo más consejos sobre organización del hogar y maternidad en una semana de lo que la mayoría lee en un año. Pero Sheila de veras sabe de lo que habla.

La idea de que tu servicio a la familia no significa que seas una sirvienta, la idea de que las razones por las que limpias y cuidas de tu casa son infinitamente más importantes que cómo la limpies, la idea de que tu actitud acerca de las tareas domésticas produce en tus hijos un impacto mayor del que imaginas... son cuestiones que nosotras como mujeres debemos abordar si queremos que nuestro hogar sea un sitio de paz y comodidad. Y a decir verdad, ¿no es esa la razón por la que nos ocupamos tanto del lavado de la ropa y de los platos?

Si las tareas de la casa te están desquiciando, no eres la única. No obstante, antes de darte por vencida y dejar que desborde la caja sanitaria del gato, sigue leyendo y prepárate para encontrarte con un enfoque totalmente nuevo en cuanto a la administración del hogar.

Carla Barnhill
Directora de *Christian Parenting Today*
y madre de dos pequeños «generadores de desorden»

Prefacio

Diana está a punto de estallar[1]. «Esteban no mueve un dedo –me cuenta–. Me ve luchando por ponerles a los niños sus abrigos para la nieve para poder salir y lo único que dice es: "¿Se pueden calmar? Estoy tratando de trabajar". Siempre sale con sus amigos. Pero yo tengo que pedirle permiso para salir y rara vez accede. Estoy muy cansada... Me la paso todo el día limpiando detrás de ellos, preparo la comida a su hora, baño a los niños, los acuesto y solo quiero dejarme caer rendida en la cama. ¡Pero justo ahí se pone romántico! ¿Cuánto tiempo más deberé soportar esto?»

Laura se halla en una etapa de la vida diferente. Cuando sus cuatro hijos llegaron a la adolescencia, decidió reincorporarse a la vida laboral luego de haber permanecido en el hogar durante veinte años. Ella disfruta de su profesión, ama muchísimo a su familia y aprecia el apoyo que le brindan en cuanto a su carrera. No obstante, el apoyo verbal no se ve acompañado por ninguna clase de esfuerzo por colaborar con las tareas de la casa. Cuando regresa de su trabajo, por lo general después que sus hijos regresaron de la escuela, ella es la que tiene que preparar la cena. Cuando su esposo Francisco llega a la casa, desaparece en el interior de su estudio y no sale hasta que ella sirve la cena. Nadie colabora con el lavado de la vajilla, y menos todavía con aspirar la alfombra, limpiar los pisos o lavar la ropa. Laura se siente agotada como cuando los niños eran pequeños y le molesta que su esposo y sus hijos sigan pensando que todas las tareas del hogar son responsabilidad exclusiva de ella.

En el mundo pocas cosas son tan agotadoras como ser esposa y madre. Si eres una madre dedicada al hogar quizá anheles poder mantener una conversación con un adulto y ansíes contar con un descanso en tu rutina.

Si además trabajas fuera de la casa, tal vez sientas que haces un doble turno laboral cuando llegas al hogar. A pesar del cada vez mayor número de mujeres que trabajan fuera de casa, son ellas las que hacen la mayor parte de las tareas domésticas y quienes se ocupan del cuidado de los hijos. Esto no siempre es porque a alguien le parece que las mujeres *deben* hacer estas cosas. Puede tratarse de un arreglo temporal o por cuestiones de horario. Sin embargo, es sumamente común que la idea subyacente sea que cualquier tarea de la casa debe hacerla la mujer.

En nuestra cultura occidental, hemos crecido con la idea de que hay tareas de mujeres y tareas de varones. Aunque tus padres no hayan actuado así, por lo general nuestra sociedad así lo hizo y lo hace. Algunos creen que ese es el designio de Dios. Otros ni siquiera se cuestionan por qué el trabajo se divide así, y asumen que así debe ser. Y por el otro lado, está el resto de la gente a la que le disgusta sobremanera esta división del trabajo.

Ya sea que pienses que debe o no existir algo que se considere «trabajo femenino», pocos son los que pondrían en duda que se trata de una realidad. Muchas veces nos reunimos con otras familias de la iglesia a almorzar luego de la reunión dominical. En la mayoría de estos encuentros, los hombres se sientan a conversar mientras las mujeres preparan la comida. Luego, los hombres observan mientras las mujeres levantan los platos y seguimos conversando cada uno por su lado. (Debo aclarar que mi marido siempre colabora. Se sentiría contrariado si yo no lo dijera...)

En este libro analizaremos tres grandes consecuencias de esta división del trabajo. Primero, puede conducir al agotamiento e incluso a la depresión a la mujer que se siente tan sobrecargada. Segundo, las mujeres con frecuencia construyen relaciones en las que asumen esta división de tareas como si fuera la norma, lo que más tarde dificulta que se modifique la situación. Por último, y tal vez lo más insidioso, las mujeres interiorizan estas demandas del trabajo y se juzgan a sí mismas por su capacidad, o por su falta de capacidad, para tener todo hecho a la perfección.

Este libro no va a decirte quién debe hacer qué en la casa. Las reacciones mencionadas en referencia al trabajo de la casa son solo síntomas del problema mayor: nuestra vida no siempre refleja las prioridades que fijó Jesús. No importa cuál sea nuestra postura doctrinal en cuanto al papel de la mujer, todas podemos estar de acuerdo en algo: Jesús elogió a María por haberse sentado a sus pies y reprendió a Marta por estar demasiado afanada en el trabajo. No dijo que Marta, con los preparativos de una gran comida, estaba preocupada por cosas sin importancia. Pero afirmó que María había escogido lo que era mejor (véase Lucas 10:38-42). Lo que más le interesa a Jesús es nuestra forma de relacionarnos con Él. Si hay algo que entorpece nuestra relación con Él, debemos «cortarlo» (Mateo 5:30). Debemos permitir que Dios estructure nuestra vida y nuestras relaciones de manera que cada vez nos aproximemos más a Él.

Para hacerlo, necesitamos prestar atención a la manera en que nuestra vida cotidiana afecta nuestra relación con Dios como así también la vida espiritual de nuestra familia. Es probable que lo que ocupa 95% de nuestro tiempo tenga mucha más influencia en nuestra vida espiritual que las dos horas por semana que pasamos en la iglesia. De manera que ¿cuáles serán las repercusiones si siempre estás sobreocupada con las tareas de la casa, los hijos y otras actividades mientras tu marido parece no tener esta misma sobrecarga de trabajo? Por supuesto que esto da como resultado que te sientas física y emocionalmente agotada. Sin embargo, puede haber más que eso. Si sientes que trabajas para tu familia, puede que no te sientas valorada. Y si sientes que lo que *haces* no se respeta, puedes llegar a sentir que no te respetan. Estos sentimientos afectarán tu nivel de intimidad con tu marido y tu capacidad de criar bien a tus hijos.

Entonces, ¿qué puedes hacer? Con este libro, quiero mostrarte que si reorientas tus prioridades y modificas tu manera de trabajar, puedes mejorar tu situación aunque tus circunstancias no cambien. Si te sientes abrumada, deseo mostrarte cómo concentrarte en lo que alimenta tu alma, en vez de en las cosas que drenan tus energías.

Nos concentraremos en las tres esferas que más contribuyen a la frustración y a la fatiga femenina: nuestras expectativas acerca de nosotras, nuestra manera de estructurar nuestra vida y nuestra forma de comunicarnos con nuestro esposo e hijos acerca de las tareas del hogar y la toma de decisiones. Este libro tiene el objetivo de ayudarte a comprender cómo es que has llegado a este punto, lo que Dios desea para ti y de qué manera puedes cambiar tu conducta para aliviar tu carga y mejorar las relaciones.

Comencé a escribir este libro mientras era una mamá de tiempo completo con dos niñas pequeñas. Mi vida consistía en pasar la aspiradora a las migas, lavar pilas de ropa sucia, mirar programas infantiles de TV y volver a repasar los pisos. Me encantaba estar en casa con mis hijas, pero a veces estaba muy cansada. Muchas mujeres que conocía pasaban por la misma etapa de la vida pero se hallaban al borde de sus fuerzas. Se sentían agotadas. Algunas incluso decidieron dejar a su marido. Otras no, pero su vida parecía desintegrarse. Mi oración es que si te encuentras en una situación similar a la de estas mujeres, a medida que leas este libro puedas permitir que Dios obre en tu vida y en tu matrimonio. Ruego al Señor que te capacite para hallar verdadero gozo en Él a medida que desarrolla en tu vida relaciones caracterizadas por el respeto mutuo, la interdependencia saludable y una verdadera consagración al crecimiento espiritual. Si en todas nuestras familias hay espacios donde el amor cristiano se hace evidente y donde nos estimulamos al amor y a las buenas obras, en vez de lugares en los que intentamos vivir de acuerdo a cierto ideal mundano, la iglesia habrá hallado su arma más poderosa en la transformación de nuestra cultura.

Reconocimientos

Este libro comenzó con un sueño. Deseaba escribir algo que sirviera de inspiración a las mujeres que se sienten abrumadas por los quehaceres cotidianos, para que pudieran trabajar en su matrimonio y hallar paz volviéndose a Dios. No estaba segura de poder hacerlo. Sin embargo, mi esposo siempre lo creyó así y tengo para con él una deuda de gratitud. Cuando me sentía nerviosa al punto de sentirme abrumada, siempre me daba una charla para levantarme el ánimo y ayudarme a reaccionar. No pudo haber sido un mejor apoyo ni un mejor amigo. ¡Incluso es bastante bueno en las tareas hogareñas! Mis hijas también se acostumbraron a jugar a mi lado mientras yo escribo en la computadora, y también colaboran con las tareas de la casa de modo que nuestro hogar siga siendo un sitio habitable. Ellos enriquecen mi vida y mis escritos mucho más de lo que podría expresar.

Mi madre, Elizabeth Wray, siempre me enseñó a soñar en grande e ir tras esos sueños. Le estoy muy agradecida y aprecio mucho las sugerencias que me dio al comienzo de este proceso. También agradezco toda la ayuda que ella y mi suegra, Cheryl Gregoire, me dieron al cuidar a mis hijas cuando Keith y yo necesitamos tiempo para nosotros durante este largo proceso. Y ¡gracias!, Pat Cotter, por ser también mi «secretaria», aunque no necesitabas hacerlo.

Tengo demasiados amigos en la iglesia bautista Parkdale de Belleville, Ontario, para mencionarlos por nombre porque sé que me voy a olvidar de alguno. Sin embargo, quiero decir que me siento muy cómoda entre ellos, porque son personas que brindan su apoyo de manera desinteresada y les agradezco que me hayan provisto de ideas. Gracias en especial por acompañarme en oración al emprender mi carrera como escritora.

Mis ciberamigos, que conocí por medio de la Fellowship of Christian Writers, Christian Writers Fellowship International y la Word Guild, han sido formidables. Es maravilloso contar con personas a las que puedo enviarles un mensaje desesperado de correo electrónico y recibir seis excelentes respuestas ¡en menos de una hora!

Un agradecimiento especial para Sarah De Mey, quien confió en este libro y lo corrigió, y a Dennis Hillman, que siempre fue entusiasta y alentador acerca de este proyecto. Janyre Tromp me guió en la dirección correcta para que expusiera mi mensaje y me obligó a abandonar mi comodidad para hacerlo. Estoy muy agradecida por ello.

Es mi sincera oración que Dios use este libro para transformar la vida de las personas. Estoy agradecida de que me haya dado esta oportunidad y aguardo con ansias lo que me espera.

Para
amarlo,
para honrarlo
y
¡para que limpie!

Capítulo 1

Diagnóstico: Estrés

Aun año del nacimiento de su hijo, Raquel me dijo: «Siempre quise casarme y tener una familia. Ahora soy esposa y madre, pero siempre me siento deprimida. A los veintitrés años he conseguido todo lo que había soñado, y estoy muy desanimada». Durante toda su vida le inculcaron la creencia de que tener una familia cubriría todas sus necesidades. Sin embargo, cuando consiguió tenerla, se encontró agobiada y vacía.

Algunas de ustedes, como Raquel, quizá se sientan abrumadas por las interminables horas de labor. Te encanta estar casada, pero te sientes completamente frustrada porque tantas actividades no te dejan tiempo para las demás cosas que anhelas hacer. Te ocupas de tantas personas pero ¿quién se ocupa de ti? Te cuestionas por qué Dios permite que te sientas tan agotada y vacía cuando has seguido su voluntad en cuanto al matrimonio y la maternidad. Tú has cumplido con tu parte, pero ¿dónde están la bendición y la paz que prometió Él?

O quizá te sientas como Brenda. Ella tiene un matrimonio maravilloso y un agradable empleo de medio tiempo, pero las horas le resultan escasas para hacer las compras, ocuparse de su trabajo y de las diversas actividades de sus hijos. Todas las noches ella se va a la cama exhausta, y apenas si reconoce que no es solo el ajetreo lo que está minando sus energías. Nadie parece apreciar lo que ella hace. Sus hijos dan berrinches, actúan en forma grosera y jamás recogen lo que tiran ni limpian lo que ensucian. Su marido ni se da por enterado de que está todo mal. Ella creía que la vida familiar sería pacífica y placentera, pero paz es lo que menos experimenta.

Tal vez seas como Diana, cuya historia relaté en el prefacio de este libro: Sientes que trabajas de sol a sol y tu marido da todo por sentado y no valora nada. Tú haces todo el trabajo mientras él obtiene todos los beneficios. Te sientes cansada y resentida.

Las presiones que enfrentan las mujeres

Si te sientes como algunos de los ejemplos mencionados, ten por seguro que no estás sola. La mayoría de las mujeres se sienten abrumadas por la cantidad de trabajo que recae sobre sus hombros. En 1998, un completo estudio sobre la salud de la mujer descubrió que la mayor preocupación de las mujeres respecto de su salud no era el cáncer de mamas ni la enfermedad coronaria, ni siquiera lo que pesaban. Era algo mucho más común. Sencillamente, nos sentimos demasiado cansadas[1]. Hacemos demasiado y obtenemos poco y nada de ayuda. Y con demasiada frecuencia creemos que el problema yace en nosotras y no en lo que estamos haciendo.

En apariencia, nos convertimos en esposas y madres perfectas que sirven activamente en la iglesia y se ofrecen para organizar actividades sociales. Nadie se imaginaría que por dentro nos sentimos tristes, solas y agotadas por contar con tan poco tiempo para nosotras y por tener tan escaso apoyo emocional y práctico en el hogar.

Es lamentable, pero esto puede ser un problema aun mayor para las mujeres cristianas. La iglesia de los Estados Unidos, por lo general enfatiza que se mantenga el modelo de familia tradicional. Permítanme aclarar algo: No estoy criticando a las mamás de tiempo completo. Lo he sido durante ocho años, ¡y me encanta serlo! En la mayoría de los casos, creo que la presencia de uno de los padres en la casa es lo mejor en muchos sentidos. Sin embargo, con frecuencia hay suposiciones subyacentes en cuanto a este modelo de familia que no ayudan para nada. Por ejemplo, en esta clase de «arreglos», la madre se ocupa de cubrir las necesidades físicas, emocionales y espirituales de la familia haciendo que el hogar sea cálido, confortable y limpio, mientras el marido se ocupa de ganar el sustento.

La responsabilidad de mantener el matrimonio y la crianza de los hijos (dos pactos sagrados) recae sobre las mujeres, y los hombres quedan relativamente libres para dedicarse a su profesión y demás intereses siempre que permanezcan en la familia. Importantes movimientos de hombres, como *Promise Keepers* [Cumplidores de promesas], alientan a los hombres a participar de manera activa dentro de su familia. Pero en la mayoría de la sociedad cristiana, el que la esposa funcione como el centro de la familia se sigue considerando el factor determinante de si ese hogar es un hogar cristiano ideal.

La dedicación total y exclusiva a la familia también se ha convertido en un ideal cristiano para la mujer. En tu interior quizá captas a qué me refiero. ¿Sentiste alguna vez que si reconoces que estás agobiada estás rechazando la voluntad de Dios para tu vida? Si te ha sucedido, experimentas la lucha que tiene la mayoría de tus hermanas.

Con el aumento de las mujeres que procuran una educación superior, nos vemos cada vez más enfrentadas con decisiones angustiosas sobre cómo combinar una familia con una carrera. La culpa puede ser debilitante e impedir que busquemos ayuda o ajustemos nuestras metas perfeccionistas. El concepto que tiene la sociedad de una mujer que triunfa es que lo tiene todo: una carrera, un esposo y una familia; y que aun así logra un equilibrio entre todas las demandas sin mayor dificultad. Prestamos mucho menos atención al precio que debe pagar esta mujer y a si el marido debe conseguir un equilibrio similar en su vida.

Como mujeres, estas tensiones nos torturan. Nos preguntamos si valdremos para algo aparte de para ser madres, pero si intentamos trabajar fuera nos sentimos culpables. No he hablado todavía con una mujer que no haya experimentado este tironeo en direcciones diferentes. Deseamos contribuir, producir una diferencia, pero esto puede tornarse difícil si pasamos gran parte de nuestra vida trabajando en cosas que la mayoría de la gente considera sin importancia.

Una mirada al trabajo femenino

Aunque nos referimos con frecuencia a cuán lejos ha llegado la mujer, los patrones de conducta en cuanto a las tareas del hogar no han cambiado demasiado en las últimas décadas. En la década del 1960, las mujeres hacían más de 90% de las tareas de la casa[2]. En promedio, las mujeres dedicaban cinco horas por semana al lavado y planchado de la ropa contra las cinco horas anuales que invertían los hombres. Y esto no se ha modificado con el paso del tiempo. Los hombres siguen sin hacer la mitad del trabajo, incluso en las familias en las que ambos trabajan fuera. En la actualidad, en los hogares de dos ingresos, los hombres se ocupan de entre 25 a 40% del cuidado de los hijos y la preparación de las comidas, 15 a 30% del lavado de la vajilla y las tareas del hogar, y de 10 al 25% del cuidado de la ropa.[3] En las familias con madres de tiempo completo, la contribución de los maridos es insignificante. Y en los hogares donde los esposos no colaboran, tampoco lo hacen los hijos.

Incluso, cuando los hombres hacen algo en la casa, por lo general eligen las tareas «divertidas» que les dan una sensación de haber logrado algo, como arreglar un picaporte. Los trabajos que hacen las mujeres suelen ser repetitivos y rutinarios, ¡como pasar la aspiradora! Son aquellas tareas que deben repetirse todos los días sin interrupción. En una investigación, se les consultó a algunas parejas sobre quién era el principal responsable en cada tarea. Este fue el resultado obtenido:

Mujeres		Hombres	
Preparar la comida	82%	Reparaciones varias	79%
Lavar los platos	79%	Cortar el césped	74%
Lavar la ropa	88%	Decidir sobre inversiones	64%
Limpiar los pisos	85%	Contratar un seguro	63%
Pasar la aspiradora	78%	Abrir una cuenta bancaria	56%
Hacer las compras	75%[4]		

Según un estudio hecho en Arkansas, incluso algunos trámites, como pagar las cuentas, es algo que por lo general hacen las mujeres en 66% de las familias. ¿Y la planificación de las vacaciones? Es algo de lo que se ocupan las mujeres en 48% de los casos, es compartido en 34% y hecho por los hombres en 16% de las familias. Las mujeres siguen siendo las principales organizadoras de la familia. «Las mujeres están "a cargo" del funcionamiento de la casa mientras los hombres "colaboran"», afirma la profesora Marcella Thompson de la universidad de Arkansas en Lafayette.

En el otoño de 2001 decidimos arriesgarnos como familia e iniciar en casa la escolaridad de nuestras hijas de cuatro y seis años. Como mi esposo deseaba involucrarse y yo quería contar con tiempo para escribir, redujo su trabajo como pediatra a tres días a la semana. Él les enseña a las niñas dos días a la semana y yo les enseño los tres días restantes. Este es un arreglo ideal por el cual estoy sumamente agradecida. Sin embargo a las dos semanas, me comentó que le molestaba llegar a casa y encontrarla tan desordenada. Si él podía mantener la casa ordenada cuando estaba, ¿por qué no podía yo hacer lo mismo? Le dije con cierta frialdad que mientras él ordenaba no hacía más que eso; mientras que yo retiraba la ropa de la tintorería, me ocupaba del lavado y planchado de prendas, planificaba todas las comidas, preparaba *todas* las comidas, hacía la limpieza y *todas* las compras. La única diferencia es que mientras antes contaba con cinco días para hacer todo eso, ahora solo disponía de tres. Yo tenía una lista mental de lo necesario para hacer que una casa funcione mientras que él no.

Desde entonces, hemos puesto por escrito todo lo que hay que hacer, y ahora la casa funciona mucho mejor. Todavía le fastidia que yo no siempre ordene, pero lo estoy intentando. Sin embargo, la mayor parte de las familias rara vez llegan a tales acuerdos, lo que deja a la esposa muy frustrada.

Por supuesto que los hombres no han tenido un camino fácil en las últimas décadas. Ellos también están trabajando más. El Instituto de familias y trabajo con sede en Nueva York informa que la semana laboral ha aumentado en promedio cuatro horas en los últimos veinte años, y es de 47,1 horas[5]. Además, en muchos casos el ambiente laboral está mucho más viciado que antes. Se exige más trabajo a menos empleados. En muchas industrias no existe la estabilidad laboral, de manera que la presión por tener éxito puede ser enorme. Cada vez más se les pide a los empleados que sacrifiquen de su tiempo a deshora para reuniones, capacitación y otras funciones relacionadas con el trabajo, lo quieran o no.

Las mujeres que trabajan fuera también enfrentan muchas de estas mismas presiones. Es más, *presión* es la mejor palabra para describir lo que sienten las mujeres. Se nos presiona en el trabajo para trabajar tantas horas como podamos; se nos presiona en casa para mantener el hogar perfecto; y se nos presiona a criar hijos piadosos, una tarea nada sencilla hoy en día. Nuestros hijos crecen en un mundo saturado de sexo, violencia y falta de respeto. Incluso enseñarles a los hijos a obedecer no es una tarea sencilla. Todos los días, cuando tratamos de conseguir un equilibrio entre lo que tenemos que hacer, las compras y nuestras enormes responsabilidades como padres, sentimos que la presión aumenta.

No hay dudas de que mucha de la presión proviene de mantener una agenda intensa y frenética. Gran parte de eso, sin embargo, parece derivar de los modelos relacionales que rodean el trabajo que hacemos, más que del trabajo en sí. Cuando nos sentimos responsables por todo (el trabajo de la casa, la crianza de los hijos y todo lo que implica la administración de un hogar), podemos socavar nuestras relaciones familiares. Veamos cómo:

Agotamiento

Primero y sobre todo, las mujeres están físicamente exhaustas. Una madre de Austin, Texas que no revela su identidad, publicó en Internet algunas lecciones aprendidas durante la crianza de sus hijos. He aquí algunos de esos tesoros:

1. Un colchón de agua tamaño *king* puede contener el agua necesaria para cubrir una casa de 190 m² con una capa de 10 cm.
2. Si rocías con *spray* para el cabello unas pelusas y luego las pisas con las rueditas de los patines, pueden incendiarse.
3. La voz de un niño de tres años es mucho más fuerte que doscientos adultos en un restaurante atestado.
4. Si amarras la correa del perro al ventilador de techo, el motor no tiene la fuerza suficiente para hacer girar a un niño de 20 kg disfrazado de Batman con una capa de Supermán. No obstante, sí tiene la fuerza necesaria para desparramar pintura sobre las cuatro paredes de un cuarto de 6 m x 6 m.
5. Un niño de seis años puede iniciar un fuego con una piedra de sílex aunque un hombre de treinta y seis afirme que eso solo sucede en las películas.
6. Una lupa puede iniciar una fogata incluso en un día nublado.
7. Algunas piezas de armar pueden recorrer el aparato digestivo de un niño de cuatro años.
8. El súper adhesivo es permanente.
9. No importa cuánta gelatina viertas en la piscina, no podrás caminar sobre el agua.
10. Al filtro de la piscina no le agrada la gelatina.

11. Las videocaseteras no despiden los emparedados de mantequilla de maní y mermelada como se muestra en los comerciales de televisión.
12. Es probable que no quieras saber qué es ese olor.
13. Antes de encender el horno, es conveniente revisar el interior.
14. A los juguetes plásticos no les gusta el horno.
15. El departamento de bomberos de Austin responde en cinco minutos[6].

No sé tú, pero si yo hubiera tenido hijos como los de esta mujer, creo que estaría lista para que me internen en un hospital psiquiátrico. Sin embargo, creo que todas tenemos historias similares para contar. Recuerdo el día en que encontré a mis hijas que solícitamente aplicaban crema bronceadoras a las sillas, la cómoda, la cuna e incluso ¡sobre su ropa! Sin embargo no son estos contratiempos, aunque parezcan graciosos al recordarlos, los que por lo general nos dejan exhaustas. Es el cuidado cotidiano, día tras día, de los hijos, el ocuparse de la casa y el tener que andar con un millón de cosas en la cabeza. Es difícil organizar una casa. Hay muchísimas cosas aparte de limpiar un piso. La gurú de las tareas del hogar Kathy Peel prefiere el título de «administradora familiar» porque está más relacionado con lo que una hace. Y lo que hacemos es sumamente agotador.

Estrés

Cuando tenemos un cansancio crónico, las defensas físicas y emocionales disminuyen, y pronto también se viene abajo nuestro ánimo. Pero a lo mejor te sientes culpable cuando estás desanimada, como le sucede a Raquel, porque piensas que trabajar para tu familia *debería* hacerte feliz. ¡Así que tú *decides* ser feliz! Te vuelcas a tu papel sin tomar en cuenta tus sentimientos. ¿Y qué sucede? Te sientes tan acabada por dentro, tratando de mantener esa fachada, que estás casi a punto de explotar.

La realidad es la siguiente: ser madre y ama de casa es duro. No hay nadie que te observe y comente: «¡Bravo! La manera en que pasaste la aspiradora en aquella escalera es inspiradora... jamás he visto a alguien que aspirara escaleras como tú lo haces». No... mientras aspiramos las escaleras, lavamos los platos, ponemos la ropa en la lavadora o incluso mientras hablamos por teléfono, lo más probable es que haya unos pequeños que tironean nuestras medias de seda, pelean en la sala o derraman pintura en el piso.

Cuando las cosas son así de complicadas en otras esferas de nuestra vida, con frecuencia las abandonamos. Tenemos la tendencia de evitar las cosas que nos agotan. Sin embargo, los niños son un tema aparte.

No importa cuán cansadas o frustradas estemos, todavía no he hallado una madre que se haya arrepentido de estar en casa o de criar a sus hijos. Esto es lo que le da a una madre la mayor satisfacción en la vida. En un estudio a gran escala que hizo Enfoque a la Familia en Canadá, 86% de los padres afirmaron que su vida era mejor desde que tenían hijos[7]. Valoramos a nuestros hijos. Nos encanta ser mamá. Sin embargo, en el fragor de la lucha cotidiana, hay escaso reconocimiento y mucho trabajo arduo.

Entonces, como nos damos cuenta de cuán importante es la maternidad, el reconocimiento de que nos sentimos frustradas, para no decir al máximo de lo que podemos soportar, es aterrador. ¿Significa acaso que somos malas madres? ¿Seremos un fracaso? Cuando una porción tan grande de nuestra identidad se halla involucrada en nuestra función de madres y esposas, resulta sumamente estresante si comenzamos a cuestionarnos si nos sentimos felices o plenas.

Todo esto lo empeora nuestra cultura, que presupone que los hijos nos hacen felices. El pináculo del éxito para muchas mujeres, como lo fue para mi amiga Raquel, era casarse y tener hijos. La maternidad, por supuesto, sin duda puede darnos felicidad. Pero a las 6:30 de la mañana, cuando el bebé llora, tu otro hijo te salta encima y tu esposo protesta porque no encuentra una camisa limpia, «felicidad» quizá no es la primera palabra que nos viene a la mente.

«Estresada» tal vez se aproxime más. Estresadas no solo porque nos preguntamos si tenemos las energías suficientes para enfrentar otro día, sino también porque nos sentimos preocupadas acerca del porqué no siempre nos sentimos felices en este papel que se dice que debería llenarnos de dicha. En el proceso, puede que intentemos con todas las ganas demostrar a los demás que no tomamos en cuenta la necesidad palpable que tenemos de un rejuvenecimiento.

Mecanismos de copia que son perjudiciales

Nadie puede persistir en esta conducta. Todos necesitan un escape emocional. Y si luchamos con frustraciones contenidas, las probabilidades son de que ya hemos adoptado ciertos mecanismos para resistir, muchos de los cuales pueden más bien empeorar nuestra situación.

Primero, cuando estamos agotadas y luchando con el tema de la importancia de nuestro trabajo, podemos llenar nuestra cabeza con evasiones sin sentido. Nos convertimos en ávidas lectoras de novelas románticas, miramos telenovelas o programas de entrevistas e incluso visitamos con regularidad las salas de charlas en Internet. El problema es que, debido a su característica inherente de ser actividades huecas, pueden reforzar nuestros sentimientos negativos.

Incluso podemos volcarnos a ciertas cosas por darnos un gusto y, para la mayoría, esas cosas se guardan en el refrigerador. Cuando estamos todo el día en casa, es muy común empezar a comer por placer o incluso para matar el aburrimiento. Una de mis amigas reconoce que esconde bolsas con galletas en diferentes sitios de la casa a las que recurre cuando los niños no la ven. Esto no solo afecta su peso, sino que se siente terriblemente avergonzada por no poder controlarse con la comida y se siente mal en la intimidad con su esposo. Sin embargo, no está sola. Un estudio reciente realizado por el centro nacional de estadísticas sobre la salud indicó que casi 50% de las mujeres tienen sobrepeso[8].

Desafortunadamente, la comida no es la única adicción que aqueja a las mujeres. También es demasiado frecuente sucumbir frente a otras adicciones peligrosas como los juegos de azar, el alcohol e incluso las drogas si estamos desesperadas por disimular el estrés que experimentamos. Sin embargo esto solo hace que perdamos el juicio y que nos pongamos en peligro, al igual que a nuestros hijos, la seguridad de la familia e incluso a cualquier extraño que se cruce por nuestro camino.

Con todo esto intentamos huir de nuestros sentimientos en vez de solucionarlos. Es natural que busquemos una escapatoria cuando nos sentimos frustradas. Sin embargo, necesitamos aprender a tratar nuestros sentimientos de una manera saludable. Y no importa cómo lo hayamos sobrellevado antes, no debemos culparnos por lo que hemos hecho. Reconozcamos por qué hicimos lo que hicimos y luego digámonos que es hora de hallar maneras más saludables de encarar el tema. A la larga, estas escapatorias no nos harán sentir mejor. Al contrario, nos harán sentir avergonzadas.

Relaciones que se debilitan

Estos mecanismos de lucha no solo empeoran nuestra confusión emocional, sino que pueden además interferir en la manera en que nos relacionamos con nuestras familias. La periodista Nancy Gribb escribió poco después de los ataques terroristas de Nueva York y Washington: «Si quieres humillar a un imperio es natural que mutiles sus catedrales»[9]. Los fundamentalistas islámicos que destruyeron el Centro de Comercio Mundial y parte del Pentágono lo comprendieron así. Atacaron el corazón mismo de los Estados Unidos —sus símbolos— y literalmente lo destrozaron.

Nuestra sociedad se halla en riesgo de destrozarse porque las familias (las más importantes instituciones, las «catedrales» de la sociedad norteamericana) se están derrumbando día a día. La familia es donde el niño conforma su identidad y aprende moral y valores. Allí se asientan las bases para el resto de su vida y también las bases para toda la sociedad. Sin embargo esa base se desmorona. Las familias no solo peligran cuando se separan sino también cuando están constantemente llenas de estrés y resentimiento, y se convierten en la antítesis del «refugio» familiar que todos soñamos. En efecto, el resentimiento es una de las principales armas que generan brechas entre los miembros de una familia.

Estamos resentidas por las circunstancias que nos provocaron esta vida al parecer tan ordinaria cuando nuestras amigas y vecinas parecen disfrutar de una vida mucho más glamorosa. En vez de disfrutar de nuestra etapa como esposas y madres, tememos que estos papeles nos estén postergando. O quizá albergamos resentimiento contra nuestro esposo porque no aprecia lo que hacemos o cómo nos sentimos. El escritor John Bevere afirma que este resentimiento es una de las peores trampas en las que podemos caer, porque atrapa nuestra energía emocional en una amargura contraproducente. En medio de esa amargura, ya no podemos ser instrumentos de gracia y misericordia en nombre de Dios[10]. Cuando persistimos en el resentimiento hacia nuestro esposo, ya no tenemos más para dar.

Sin embargo, la relación con nuestro esposo no es la única que peligra. Debemos preocuparnos por la educación de la siguiente generación para Cristo. La conducta de nuestros hijos hacia nosotros con frecuencia se corresponde con la manera en que nuestro esposo se relaciona con nosotras, no solo por la conducta misma de nuestro esposo sino porque permitimos que él nos trate de manera irrespetuosa. Si bien algunos niños ya de por sí presentan un gran desafío, podemos entrenarlos para ser irrespetuosos e irresponsables si siempre modelamos esta conducta ante ellos[11].

¿Están siendo estas relaciones modeladas a la imagen de Cristo? ¿Desea Él niños constantemente servidos por sus madres y que jamás aprenden lo que es la disciplina? ¿Desea esposos y esposas resentidos que siempre riñen en cuanto a quién trabaja más? Por supuesto que no. Él desea que las personas se sirvan unas a otras, se sacrifiquen unas por otras, que se exhorten a destacarse en virtudes, que se respeten unas a otras como criaturas de Dios y que se amen. ¿Cómo hacemos para llegar a ese punto en nuestras relaciones?

La decisión de cambiar

Aunque el panorama descrito es gris y deprimente, ¡puede volverse brillante! Necesitamos permitir que Dios arroje su luz divina sobre nuestros problemas. Con demasiada frecuencia no acudimos a Dios con esta clase de dificultades porque nos parecen normales. Creemos que Dios no está interesado en las cuestiones cotidianas de nuestra existencia. Sin embargo, estos son los asuntos que pueden afectar nuestra vida más que otros. Quizá no veas una salida a estos problemas, pero Dios nos «dará también una salida» (1 Corintios 10:13). Y sus caminos nos piden que nos ocupemos de la raíz del problema en vez de tratar de desviar el estrés.

Si visualizas esta salida en tu mente, es probable que te veas avanzando por un camino, que llegas a una encrucijada y tienes que decidir si vas a girar a la derecha o a la izquierda. Robert Frost inmortalizó esta clase de decisión en una sola frase: «Elegí el camino menos transitado y eso lo cambió todo».

Aunque este sentimiento sea bello, no creo que el cambio por lo general se vea de esa manera. Me parece mejor de esta otra: Imagina el punto A, el punto donde Dios desea que se halle nuestra relación. Cuando nos casamos, iniciamos el recorrido rumbo al punto A. No somos perfectos, pero no hemos tenido tiempo de hacer demasiado embrollo todavía. No obstante, a medida que avanzamos, tendemos a apartarnos del punto A. A menos que tomemos una decisión consciente de dejar que Dios nos guíe hacia Él, nuestra humana naturaleza tenderá a desarrollar relaciones contrarias a su perfecta voluntad para nosotros.

Gracias a Dios que Él no deja de interferir. Él ordena nuestra vida de manera que en casi todo encuentro tenemos la oportunidad de elegir si queremos continuar por el viejo camino, donde el entorno nos es conocido y previsible, o si preferimos recorrer un camino difícil y escarpado de regreso hacia el punto A. El camino hacia el punto A suele verse aterrador, por eso generalmente preferimos continuar por el viejo camino. Y he aquí el problema: cuanto más tiempo caminemos por él, más nos alejaremos del punto A. Dios seguirá dándonos la oportunidad de regresar al punto A, pero a medida que pasa el tiempo, volver se hace cada vez más difícil.

Incluso con frecuencia ni siquiera vemos la encrucijada a menos que la busquemos entre las rocas. El cambio debe ser un acto deliberado, y puede ser atemorizante. Por lo general, no es algo que sucede porque sí, como una bifurcación de caminos, sino que es algo que uno debe iniciar. A veces Dios nos tironea del pantalón para que nos sentemos y nos demos cuenta, pero es muy posible que sigamos por la vida con relaciones no satisfactorias que jamás mejoran.

¿Hacia dónde vamos?

La buena noticia es que las relaciones en tu familia pueden cambiar aunque tu familia no lo quiera. Tenemos un Dios con un formidable poder transformador y abundante en su gracia y en su poder sanador. Entonces, ¿cómo puedes recibir la ayuda que Dios te puede dar?

Las bases del cambio

Algunas de ustedes ya se colocan en el medio del problema. Tu esposo te apoya, pero necesitas un poco de ayuda para organizar tu vida y poder concentrarte mejor en lo que es más importante. Te será más sencillo conseguir un cambio porque ya has depositado la responsabilidad sobre ti.

Otras pasarán por tiempos más difíciles porque piensan que el cambio tiene que ver con él. Él es quien te complica la vida; es hora de que las cosas cambien. Sin embargo, no se trata de quitarle un poco de felicidad a tu marido para que tú tengas más. Tienes que tomar el toro por las astas para conseguir aumentar el nivel de felicidad para ambos, de manera que puedas disfrutar del tipo de reciprocidad que Dios quiso que tuviera tu matrimonio. Es triste, pero algunas pensamos que en el matrimonio uno de los dos tiene que perder para que el otro gane. Ahora bien, quizá pienses que él obtiene todo el beneficio mientras tú haces todo el trabajo. Pero el cambio que se busca no es revertir esa ecuación.

La verdad es que él no obtiene todos los beneficios. Si tú no eres feliz, él no te tiene a ti. Nada en la vida es más satisfactorio que un matrimonio en el que dos personas se sienten apoyadas y aceptadas. Si descubres maneras de incrementar tu paz mental, es probable que eso ya lo haga ser más feliz. Él percibirá el cambio en ti y eso transformará la relación de ustedes. Y si él modifica sus actitudes y conductas en respuesta a tus cambios, la relación de ustedes podrá finalmente tomar el rumbo que los haga sentirse plenos.

En fin de cuentas, tu felicidad no depende de que cambien tu esposo o tus hijos; llega cuando asumes tu responsabilidad acerca de tus sentimientos, los sometes a Dios y luego adoptas nuevas conductas según el modelo de Jesús. El objetivo de este cambio no es una independencia que hace que tu esposo e hijos sean irrelevantes. Es volverse capaz de manejar las propias emociones y acciones mientras permites que la otra gente extraiga lo mejor de ti. Eres capaz de funcionar por tu cuenta, pero siempre funcionarás mejor si eres parte de un equipo.

La iglesia ha reconocido desde siempre la necesidad de esta clase de comunidad. Pablo en 1 Corintios 12 escribe sobre el cuerpo de Cristo que está formado por muchas partes, todas vitales. En la actualidad, en muchos libros de autoayuda, las palabras de moda como *interdependencia* o *sinergia* expresan la misma idea[12]. Así como el concepto cristiano de comunidad, la interdependencia se considera la culminación de las relaciones humanas.

Por su propia naturaleza, la interdependencia tiene dos vías. Así como tú exiges de tu esposo, él exige de ti para poder vivir su vida a plenitud. Ahora bien, muchas de ustedes podrían detenerse en este punto y decir: «Muy bien, no hay dudas de que me necesita Sin mí no comería. Perdería la cabeza si yo no estuviera aquí para cuidar de él». Esto no es interdependencia.

Cuando decimos que él me necesita «para hacer» algo, estamos diciendo que él necesita que se cumpla determinada función y no una persona que la haga. Si la única razón por la que te necesita es para que te ocupes de la casa, entonces no te necesita *a ti*. Cualquiera podría ocupar tu lugar.

Sin embargo, puede que tú te sientas así. Muchas de las mujeres con las que hemos tocado el tema sienten que sus maridos no las necesitan por sus emociones ni por su intelecto sino solo por su trabajo. Alimentar la interdependencia significa que disminuya la dependencia que tu familia tiene de ti como trabajadora. Significa que deben abrir los ojos a su necesidad de ti como persona, por lo que eres.

Este proceso exige un cambio en nosotras. Jamás podremos cambiar a otra persona; solo podemos cambiarnos nosotras. Como dice la escritora Marilyn Ferguson: «Nadie puede persuadir al otro para que cambie. Cada uno de nosotros tenemos una puerta al cambio que solo puede abrirse desde el interior. No podemos abrir la puerta del otro, ni con razonamientos ni con súplicas emocionales»[13]. Podemos orar por otros, pero solo podemos controlar nuestros propios pensamientos y nuestras acciones. Primero debemos reevaluar los objetivos de nuestra familia para que estos sean cristocéntricos. Luego necesitamos cambiar nuestra conducta para incentivar estos objetivos cristocéntricos. Recién después seremos capaces de afirmar que nuestra felicidad no depende de nuestra familia sino de nosotras mismas y de nuestra relación con Dios. Con la gracia de Dios tenemos el poder para cambiar.

Encuentro con el Dios que te transforma

Quizá algunas de las que lean este libro se identifiquen con todo lo que expresé a excepción de las últimas páginas. Sabes lo que es estar agobiada, en conflicto, que no te valoren o sentirte sencillamente cansada. Lo que quizá no comprendes es qué tiene que ver Dios en la solución de estos problemas.

Estoy convencida de que Él tiene mucho que ver. Él nos ama a cada una y desea que tengamos una vida abundante. Sin embargo, esa vida no es algo que nos da de manera automática sino que es algo que recibimos de Dios cuando comenzamos a tener una relación personal con Él. Nuestra vida jamás estará en paz mientras no estemos en paz con el que nos creó y luego nos redimió.

Permíteme explicar cómo es esto. Dios creó a las personas porque deseaba relacionarse con nosotros. Él desea amar a las personas y también que nosotros lo amemos y lo honremos a cambio. Dios nos dio el escoger; nosotros decidimos si queremos tener esta relación con Él. Después de todo, la única manera de saber que alguien en verdad te ama es darle a esa persona la oportunidad de marcharse. Y eso es lo que Dios hace. Dios promete que estará con nosotros. Lo único que tenemos que hacer es creer en Él y seguirle. Pero por lo general escogemos nuestro propio camino.

Aunque seas una buena persona, sabes lo que quiero decir. Todos somos egoístas, o mentimos, o hacemos daño a los demás. Sin embargo, Dios nunca hace algo así ni tampoco puede estar con alguien que lo haga (Isaías 59:2). Nuestra manera errada de obrar, nuestro pecado, debe recibir castigo. Y el castigo es muerte, separación eterna de Dios (Romanos 6:23).

Pero este Dios que nos creó para que tengamos relaciones con Él no soporta esta separación. Por eso envió a su Hijo Jesús a este mundo para que muriera en nuestro lugar. Jesús, que jamás hizo algo malo, permitió que lo crucificaran. Cargó nuestro castigo sobre sí. Nos salvó de la muerte con su muerte. Por medio del sacrificio de Jesús, Dios nos ofrece el regalo de la salvación. Lo único que tenemos que hacer es creer en Él. Si aceptamos su regalo, pasamos a ser hijos de Dios y tenemos vida eterna.

Sin embargo, no termina aquí. Dios no envió a Jesús solo para darnos vida con Él cuando muramos. Él desea tener relaciones con nosotros ahora mismo. El Espíritu de Dios viene a habitar en nosotros y nos ayuda a parecernos a Cristo. Él nos dará una paz que sobrepasa el entendimiento, si se lo permitimos. De eso se trata este libro: de permitir que Él nos transforme para que podamos comenzar a disfrutar de esa vida abundante. Si nunca has dado ese paso para comenzar una relación con Dios, mi oración es que lo hagas ahora. Acepta su regalo. Lee el Evangelio de Marcos para que puedas descubrir a este maravilloso Jesús que te ama tanto y que anhela ayudarte a hallar la paz. Luego busca una iglesia cercana donde haya cristianos que puedan ayudarte a seguir a Dios por completo.

Prueba rápida de la realidad

¿Tienes agotamiento crónico? ¿Reaccionas con brusquedad ante tus seres queridos? Decide hoy mismo confiar en Dios para que alivie tus cargas. Lee la promesa de Jesús en Mateo 11:28-30. Escríbela en una ficha y colócala donde puedas verla durante el día. Casi sin darte cuenta la habrás memorizado.

Profundicemos

1. ¿Eres feliz con el papel que cumples en la vida? ¿Crees que esto es lo que Dios quiere para ti? Lee Efesios 2:10 y el Salmo 139. Dios tiene un plan perfecto para ti. Pídele que te lo revele.
2. ¿Cuál es tu actitud respecto del cambio? ¿Crees que te es posible estar mejor, aun en las circunstancias actuales? Escribe una oración a Dios en la que expreses lo que quieres que Él te ayude a cambiar.

Un paso hacia adelante y dos pasos hacia atrás

Lo difícil del cambio es saber por dónde comenzar. Nos sentimos empantanadas con todas las cosas de las que debemos ocuparnos. Sin embargo, las mujeres siempre hemos tenido que ocuparnos de esta clase de cosas, ¿no es así? Es algo que no podemos modificar. Es inevitable, ¿no lo crees?

Piensa en las tareas cotidianas que te causan la mayor angustia. ¿Qué cosas te absorben demasiado tiempo y a la vez te frustran? ¿Es llevar y traer a tus hijos de la clase de karate, de natación o de los exploradores? ¿Es llevar a tus pequeñitos a la guardería para que reciban una estimulación adecuada? ¿Es acaso ocuparte de las inversiones y de registrar en la computadora los estados de cuenta? ¿O tal vez lavar pilas de ropa sin hallar el momento para doblarla? ¿Te cuesta recoger cientos de piezas de armar y trozos de masa para modelar pegada en el piso?

¿Por qué hacemos todas estas cosas? ¿Nos formulamos alguna vez esa pregunta? Todas estas cosas parecen tener que ver con ser una buena madre. No obstante, todo lo mencionado sin excepción es un nuevo fenómeno de nuestra cultura, e incluso algunos se iniciaron en los últimos veinte años. Tenemos casas más amplias, más ropa y más juguetes. Nuestros hijos participan de más actividades. Nuestra vida es más ajetreada. En el capítulo siguiente veremos maneras de ahorrar tiempo en las tareas de la casa, pero antes debemos reconocer dos cosas. Muchas de las cosas que pensamos que las mujeres siempre han tenido que hacer se han sumado hace bastante poco. Y el apoyo que recibimos para nuestras tareas como madres y amas de casa ha disminuido al mismo tiempo.

Cada vez se nos exige más y más. Cada día nos presenta una nueva advertencia y una nueva crisis. Los primeros tres años del niño son cruciales, por eso uno debe estimularlo. Si no sabe leer cuando ingresa al jardín de infantes, jamás se superará. Si en la secundaria se junta con un mal grupo de amigos, se involucrará en las drogas. Mejor será que te asegures de verte siempre sexy, con conjuntos de ropa interior de encaje porque por todas partes hay mujeres buscando la oportunidad de robarte a tu hombre. ¿Es que la vida siempre ha sido así?

Vamos a detenernos en tres historias ficticias de mujeres de distintas épocas para ver cómo los problemas que estas han tenido que enfrentar han ido cambiando de manera radical. Si comparamos nuestros esfuerzos en una perspectiva histórica, nos será mucho más sencillo lidiar con la culpa y hallar soluciones adecuadas a nuestros problemas actuales.

Melina, 1869

«Mely, levántate, cariño. Ya amaneció».

Melina percibió el tono de impaciencia en la voz de su esposo cuando se dio vuelta en la cama en un intento por dormir unos segundos más. La luz apenas comenzaba a asomar por las ventanas cuando escuchó cantar a los gallos.

«Vamos, querida. Es hora de levantar a Jacob para que haga sus tareas».

Melina suspiró y se levantó pesadamente de la cama. Se estremeció y enseguida se envolvió con su bata para protegerse del frío mientras iba a despertar a Jacob. No era algo que le agradara hacer. Jacob era igual de obstinado que su madre para levantarse por la mañana. Apenas abrió la puerta del cuarto del muchacho, escuchó que se cerraba con suavidad la puerta de la calle. Era su esposo Pablo que salía a ocuparse de los animales.

«Jacob, es hora de levantarse». Melina lo sacudió y notó, para su horror, que debajo de la cama asomaba una revista del ejército que pertenecía a su sobrino. ¿Por qué Jacob se la había vuelto a pedir prestada?

Jacob estaba absolutamente absorto en su sueño de alistarse en el ejército. Su primo Jeremías, nueve años mayor, se había alistado en secreto en las fuerzas de los Estados Unidos en 1863. Entonces tenía tan solo quince años. Desde entonces, cada vez que venía de visita, Jeremías le contaba a Jacob sobre las cosas que se había perdido por ser demasiado pequeño durante la guerra.

Ahora Jacob soñaba únicamente con hacerse mayor para poder alistarse. Pensaba partir en tres años, cuando tuviera quince, y alistarse como voluntario para la conquista del Oeste. Mientras tanto, leía todo lo que podía sobre la vida militar.

«Jacob, levántate ya. Es hora de atender a las vacas. Vamos, muévete».

Jacob lanzó un gemido y se sentó con los ojos entrecerrados mientras Melina se dirigía a la cocina. Mientras preparaba el desayuno de cerdo y huevos, Melina despertó a Samantha y la envió a que se ocupara de los pollos. Aunque era evidente que Jacob ansiaba librarse del campo, era un trabajador esforzado que se esmeraba en su tarea. Samantha, por el contrario, era muy despistada. Melina solía encontrarla sentada entre los pollos, conversando con ellos, mientras estos picoteaban la bolsa procurando conseguir el alimento.

En una hora y media, los dos hijos mayores partían hacia la escuela mientras Melina quedaba en casa con el menor de sus hijos, José, y se ocupaba de las tareas del hogar. Pablo había ido al pueblo a averiguar el precio del ganado para la subasta del día siguiente. Era una época del año relativamente tranquila, entre la cosecha y las nevadas fuertes. Pablo estaba ocupado en la planificación de la siguiente estación y hoy analizaba junto a su padre y a su hermano los nuevos terneros que se ofrecían. Melina se preparaba para comenzar el suculento guiso que los alimentaría en los días siguientes. El lunes era el día de cocinar. Era su día preferido de la semana. El martes era el día de lavar, lo que menos le gustaba. Se helaba con esa tarea a medida que se acercaba el invierno. Todos los martes era lo mismo: cuatro vestidos, seis camisas y tres pantalones. Suspiró al recordar que Jacob pronto necesitaría pantalones nuevos. Tenía que pedirle a Pablo que le comprara tela la próxima vez que fuera al pueblo.

Sacó nabos, zanahorias y otras verduras del cuarto frío y las agregó al guiso junto con algunas hierbas frescas y la carne de vaca que Pablo y su hermano habían sacrificado la noche anterior. Echó un vistazo con cierta aprensión hacia la nueva cocina que Pablo le había comprado luego de la cosecha. Le dijo que era por haber trabajado tan duro a su lado. Sonrió al recordarlo. Debían recoger la cosecha y su cuñado se había quebrado el tobillo. De manera que Melina había permanecido afuera junto a los hombres toda la semana, trabajando hasta altas horas de la noche mientras la abuela cuidaba de José. También había sido un año próspero, no como el

67, cuando la lluvia fue tan escasa que la cosecha apenas si fue suficiente para pasar el invierno. Sin embargo, este año había sido maravilloso. Y ella disfrutó mucho del trabajo fuera de la casa. ¡Claro! Siempre y cuando no se tratara de lavar la ropa.

La cocina era muy linda, pero aún no estaba segura de merecerla. El día anterior, su madre y su cuñada habían venido caminando desde el campo de la familia solo para contemplarla con evidente envidia. Melina pensó que le gustaría regalárselas. Después de todo, ¿cómo funcionaba? Su cuñada Carolina la acusó de no aceptar el progreso. Quizá tuviera razón.

Carolina también tenía problemas con sus hijos. Jeremías seguía en casa y ayudaba en el campo, pero no daba muestras de madurar fuera del período que pasó en el ejército. Aunque le hablaba de eso con entusiasmo a Jacob, con frecuencia se le veía atribulado. La semana pasada, cuando estuvo en el pueblo, Melina vio que su sobrino entraba como una flecha a la casa del pastor Pedro, luego de dejar a sus hermanitas en la escuela. Melina sonrió y se sintió aliviada al ver que al menos buscaba ayuda en un buen sitio.

El día pasó volando, como todos los días de cocinar. Melina estaba encantada; ¡la cocina funcionaba bien! Se las había ingeniado para hornear diez hogazas de pan y se había ido caminando con José hasta la casa de su suegra para entregarle uno con orgullo. Eso le dio al pequeño la oportunidad de ver a su abuela. ¡Y claro que ella lo mimó!

Melina observaba la casa paterna de su esposo y suspiraba. Era una casa encantadora y fuerte con bellos muebles hechos a mano por Pablo y su padre. «No debes sentir celos, Melina», se dijo, aunque una parte de su ser anhelaba tener una casa como aquella. La suya solo tenía cuatro habitaciones: un dormitorio para ella y Pablo, otro para los muchachos y uno para Samantha. Los cuartos eran muy reducidos; pero al menos tenía casa propia. Mientras regresaba a su hogar antes de que llegaran sus hijos del colegio, sabía que podía sentirse orgullosa por la vida que ella y Pablo llevaban.

Un sonido de campanillas y caballos proveniente del exterior la sacó de su ensimismamiento. *¡Qué extraño!*, pensó Melina. Pablo había regresado hacía una hora, así que no podía ser él. *¿Quién será?* José corrió entusiasmado hacia la puerta y Melina por detrás. Cuando vio quién era, se detuvo ahogando un grito.

El señor Latimer, con gesto adusto, sostenía a su hijo mayor por el cuello. Jacob estaba con el ceño fruncido y tenía un moretón que empezaba a asomar cerca del ojo. ¿Qué habría hecho ahora? Antes de que ella pudiera decir algo, Pablo salió del establo.

–¡Hola, Tom! ¿Qué traes ahí?

Mientras Melina se sentía avergonzada, Pablo tenía un destello en los ojos.

–Atrapé a este dándole una paliza a mi Andrés frente ¡nada menos que frente a la iglesia! Le di una buena tunda a Andrés por haber iniciado la pelea, y después pensé que lo mejor sería traer a este yo mismo hasta acá. Estos dos siempre se andan metiendo en líos.

–Gracias, Tom. Yo me haré cargo.

Cuando el señor Latimer se fue, Pablo llevó a Jacob al establo para disciplinarlo. Jacob debería hacer doble trabajo durante una semana. A Pablo no le importaba castigarlo ya que le ahorraba trabajo. Cada vez que Melina sugería que debían hacer algo más, ya que su hijo tenía un serio problema, él se reía y afirmaba que Jacob lo superaría, que él mismo le había causado un sinfín de problemas a su padre. Sin embargo, apenas puso sus ojos en Melina, lo único en lo que podía pensar era en sentar cabeza y estar con ella. Él le aseguró de que con su hijo Jacob sucedería lo mismo. Melina enrojeció al recordar la conversación de la última noche. Luego de hablar, Pablo se había esforzado por convencerla de que él tenía razón. Ella deseaba de todo corazón que así fuera.

Iría con su familia a casa de Carolina esa noche para orar por ello. Carolina siempre sabía qué decir. De todos modos, había otra razón por la que Melina quería ir a casa de su cuñada: Samantha había fallado en la prueba de ortografía. Melina no podía entenderlo. Ella siempre había sido una buena estudiante. Carolina había sido maestra antes de casarse y era maravillosa con Samantha. Ella le enseñaría a Melina cómo ayudar a la pequeña.

La familia se sentó en un silencio incómodo a comer el guiso. Todos estaban un poco tensos. Por fin, Pablo se rió y dijo: «Bueno, si vamos a sentarnos aquí mudos, mejor me voy a seguir cuidando a las vacas. José, ¿por qué no me cuentas lo que hiciste hoy?». Mientras José cotorreaba sobre los nuevos cachorritos de la abuela, Melina sonrió. A pesar de sus preocupaciones, era hermoso tener a la familia unida.

Valeria, 1952

Valeria observó a Amy que estaba encerrada entre varios almohadones. Quería que esta se pusiera a jugar con algunos bloquecito antes de pasar la aspiradora. Esperaba que Amy no se moviera de allí. A su pequeña de dieciocho meses le encantaba el sonido de la aspiradora y solía gatear frente a la máquina para divertirse. Eso hacía muy difícil hacer el trabajo.

Y Valeria tenía muchas cosas que hacer ese día. Había puesto a andar la lavadora esa mañana. Era una máquina nueva que escurría y centrifugaba, lo que era muy cómodo. Ahora tenía que lavar la ropa solo dos veces por semana porque con la máquina era mucho más rápido. Ella quería aspirar y quitar el polvo rápido para poder ponerse a planchar antes de las 10:30. Era martes y los martes a veces venía su hermana con algunas amigas a tomar café y traían a sus hijos pequeños con ellas.

Cambió algunos de los juguetes que Amy había desparramado por el piso, luego sacó la plancha y comenzó con la tarea que menos le agradaba. Bill era bastante exigente con sus camisas. No podía entender cómo Valeria era tan organizada con algunas cosas pero no podía planchar bien una camisa. Lo había intentado, pero ella no era tan quisquillosa como él. Encima no valía la pena el esfuerzo. ¿Qué importaban unas arruguitas debajo del brazo? De todas maneras Bill se pondría una chaqueta encima.

Valeria suspiró al recordar la noche anterior. Estuvieron conversando hasta tarde, aunque ella solo tenía intenciones de dormir. Bill estaba disgustado con su trabajo y quería que Valeria lo escuchara. Ella lo hizo, pero cuando le daba alguna sugerencia (como por ejemplo que fuera a hablar con su jefe y le solicitara directamente una de las cuentas nuevas) Bill lo interpretaba como que ella no confiaba en él. No era eso. A ella le parecía que Bill era demasiado tímido en su trabajo.

Había conocido a Bill mientras trabajaban en el anuario de la universidad. Valeria era la directora del comité del anuario, mientras Bill se ocupaba del diseño. A ella le había encantado el proyecto y esperaba poder hallar algo que hacer mientras Amy estuviera en la escuela. Quizá podría ofrecerse como voluntaria en el colegio y organizar algo allí. Bill no pondría objeciones ya que ella estaría en casa por las noches.

Justo en ese momento, Amy comenzó a llorar. Su torre de bloques siempre se le caía. Cuando Valeria se acercó a consolarla, tocaron el timbre. A toda prisa desenchufó la plancha, ya que no quería que quedara al alcance de Amy y fue con ella a abrir la puerta. Amy se acercó gateando y le halaba el pantalón.

«¡Hola!», saludó su hermana Susy riendo al contemplar la escena. «Por lo que veo estás muy ocupada» y bajó a su pequeño Mateo de tres años.

Amy se interesó enseguida por jugar con su primo mayor. Valeria dejó la plancha en la cocina y colgó la ropa planchada. En su interior estaba agradecida de que Susy hubiera llegado temprano. Eso le daba la excusa para dejar de planchar.

A los pocos minutos llegaron dos vecinas más y los niños se entretenían jugando. Nancy le contó a todas acerca de su nuevo empleo: era dactilógrafa dos días por semana en un consultorio médico. Valeria cuidaba a la hija de Nancy esos días, pero deseaba poder intercambiar ocupaciones. Le encantaría poder ganar un poco de dinero y sentirse que al menos de vez en cuando usaba su inteligencia.

Cuando todas se fueron, a eso de las dos, Valeria dio un hondo suspiro. ¿Podría tomar una breve siesta con Amy o debería ponerse a acomodar? Le parecía que mejor sería que acomodara. La casa se convertiría en una zona de desastre en pocas horas si ella no hacía algo para prevenirlo. A todos los niños del barrio les agradaba ir a jugar a su casa. Valeria se sentía como la mamá gallina del barrio, pero le agradaba.

Sin embargo sabía que las cosas estaban cambiando. Judy de nueve años seguía teniendo amigas, pero Kevin se había vuelto retraído y con frecuencia prefería recluirse en su cuarto a leer. No había nada de malo en la lectura, se decía ella, además él leía mejor que la mayoría de los otros chicos de quinto grado. Sin embargo, deseaba que Kevin socializara un poco más. Quizá si Bill le enseñara a jugar al golf o pasara más tiempo con él... pero Bill no tomaba casi ninguna iniciativa hacia su hijo. Nunca había sido una persona de iniciativa, aunque era un hombre estable, fiel y sincero. Ella lo respetaba y lo amaba. Si tan solo... No, no quería pensar algo así. Les preguntaría a las damas del estudio bíblico al que asistiría al día siguiente su opinión al respecto. Muchas de ellas tenían hijos. ¿Sería esta conducta normal?

Con su hija Judy tenía el problema opuesto. Judy siempre tenía muchos amigos, pero últimamente parecía que sus amigos le importaban más que su propia madre. Y eran amigos nuevos, no los mismos que tenía desde pequeña. Valeria no estaba segura de qué pensar de ellos. Pasaban mucho tiempo en su casa, pero nunca podía hablar demasiado con ellos. Ya lo había decidido: esa noche hablaría con Judy. Quería estar segura de que comprendiera que la amaba muchísimo y quería verla crecer hasta convertirse en una hermosa mujer.

Cuando Valeria terminó de planchar, escuchó que sus dos hijos mayores llegaban a la casa. Gritó para saludarlos, pero al llegar al vestíbulo la única evidencia de Kevin era su mochila, su abrigo y sus patines que estaban tirados en medio del pasillo donde su hijo los había dejado. Valeria lo reprendió e hizo que regresara. Volvió refunfuñando y alzó todo para luego regresar a la planta alta. Judy, casi sin aliento, preguntó si Raquel podía quedarse y Valeria asintió. Enseguida llegaron otras jovencitas y se adueñaron de la sala.

Valeria se concentró en la cena. ¿Qué podría preparar que pusiera a Bill de mejor humor? Ella lo amaba en verdad y era un hombre sumamente divertido cuando quería. Sin embargo, últimamente andaba amargado. Ella se sentía frustrada con él, pero sabía que la frustración solo dificultaría las cosas entre ellos. En cambio, se concentró en preparar el pollo frito.

Cuando comenzó a poner la mesa, sonó el timbre. Era la señora Price, la anciana vecina que venía a devolverle un libro. Al menos esa era la excusa, pero Valeria sabía que en realidad lo que le interesaba era conversar.

Cuando Bill llegó a los pocos minutos, la señora Price se fue y prometió regresar a las siete. Las niñas también se fueron a su casa por un momento aunque su ausencia sería solo temporal. Todo el vecindario vendría a las siete a ver la televisión. Eran la primera familia de la cuadra en tener TV, por eso todos se reunían en su sala los martes por la noche. Valeria tenía sentimientos encontrados acerca del televisor. Se divertía viendo los programas y le agradaba recibir invitados; pero con esa compra más la nueva lavadora, Bill estaba muy preocupado por el tema del dinero.

Después de cenar, le pidió a Judy que hiciera una rápida repasada al baño y a Kevin que ayudara a secar los platos. Protestó, pero lo hizo de todos modos. Mantenían ese ritual de pasar un tiempo juntos todas las noches, y a Valeria le parecía que Kevin contaba con eso también.

Cuando los vecinos llegaron a las siete, le dieron a Valeria un budín de frutas, dos recipientes con magdalenas glaseadas y pilas de pan de banana, la especialidad de la señora Price. Judy le ayudó a distribuir todo en platos y corrió riendo a su cuarto junto con dos vecinitas. Ellas no miraban televisión, preferían conversar. Valeria deseaba poder estar al tanto de esas charlas pero suspiró sabiendo que era imposible; así que decidió disfrutar de sus vecinos. Observó a su esposo que revivía un partido de fútbol del domingo con tres vecinos. Ella sonrió, feliz por verlo feliz. Esperaba que durara.

Kathryn, 2002

«¡Ay, no!» Kathryn tenía algunas otras palabrillas que hubiera querido usar, pero esas cosas rara vez salían de su boca. Miró a Sara, su hija de dos años, con ternura y la alzó en brazos. «¿Qué voy a hacer contigo? ¡Esto no me lo esperaba!» Recorrió la sala con la mirada y lanzó un suspiro. Los juguetes estaban desparramados por todas partes. Se imaginó que en la planta alta sería otro tanto. Y el canasto de la ropa sucia rebalsaba. Había planeado dedicar el día a la casa, pero una llamada había obligado a un cambio de planes.

A Kathryn le había entusiasmado aceptar el esporádico puesto como enfermera en el hospital. Eran siete turnos al mes, casi dos por semana y le quedaba mucho tiempo para estar con su familia. No pensó que iría a conseguir ese puesto de enfermera cuando se mudaron a Chicago hacía seis meses. Sin embargo, lo consiguió y parecía ser el puesto perfecto. Hasta ese día. Le habían advertido que podían llamarla sorpresivamente y aquel era uno de esos días. Tenía una hora y media para limpiar la casa, conseguir a alguien que cuidara a Sara y llegar al trabajo. ¡Y ni siquiera había tomado una ducha todavía!

«Mejor será que nos apuremos, ¿no, preciosa?» Tomó el cesto de la ropa y mientras lo llevaba llamaba por el teléfono inalámbrico para ver si conseguía una niñera. La que siempre contrataba no estaba libre los lunes. Fue entonces cuando vio el piso del dormitorio: Rick había dejado la ropa sucia tirada en un rincón. La recogió con cierto resentimiento y se encaminó a la planta baja mientras seguía discando.

Una hora más tarde, ya iba en su automóvil volando al hospital, luego de literalmente depositar a Sara en casa de Jill, una amiga de la iglesia. Esta tenía tres hijos menores de cuatro años, de modo que no quería dedicarse a cuidar niños como regla general; pero si era necesario, lo hacía con gusto. Kathryn estaba muy agradecida con ella. Cuando habían trasladado a

Rick desde Kansas hacía seis meses, Kathryn había dejado allí a su madre que era su «niñera» de confianza. Los niños amaban a la abuela y ella los extrañaba.

No es lo único que extrañan, pensó Kathryn con nostalgia. Gregory había cambiado por completo desde que se habían mudado. Tenía doce años y era un chico muy activo que jugaba en las pequeñas ligas y que participaba en el grupo de adolescentes de la iglesia. Sin embargo, ahora se había hecho popular de una manera distinta. Había empezado a vestirse de negro y a pasar tiempo en la casa de dos amigos a los que Kathryn apenas conocía. Ella trataba de invitarlos a su casa las veces que podía pero cuando llegaban, se encerraban en el cuarto de Greg a puertas cerradas y jugaban en la computadora que él mismo había armado. Como la había armado solo, Kathryn no creía poder apartarlo de ella; pero el jovencito estaba encima de la máquina todo el día.

Rick encaraba la situación gritándole, lo que hacía que él se distanciara aun más. Además, Rick permanecía en casa mucho menos tiempo que antes, cuando vivían en Kansas y era gerente del banco. Ahora era vicepresidente de asuntos corporativos y trabajaba muchas horas. Eso hacía que Kathryn se sintiera culpable por trabajar también fuera.

A Michelle no le iba mucho mejor. Los maestros de Kansas siempre decían que ella era muy brillante, pero que le costaba muchísimo concentrarse. Afirmaban que no podían controlarla, que debía recibir medicación. Los médicos coincidían que Michelle tenía déficit de atención y Kathryn había comenzado a darle a regañadientes Ritalina. Reconocía que estaba mucho mejor aunque seguía siendo traviesa. La había inscrito en danzas y gimnasia con la esperanza de que la actividad física como compromiso planificado la ayudarían.

«¡Ay, no! ¡La clase de danzas!» Kathryn apoyó la cabeza en el volante unos segundos mientras se detenía ante un semáforo en rojo. Había arreglado que Michelle se fuera a la casa de Jill luego del colegio pero se había olvidado por completo de la clase de danza. Tendría que perdérsela ya que no podía pedirle a Jill que la llevara. Jill ya tenía tres niños propios de los que ocuparse. Kathryn volvía a sentirse culpable por hacer que Michelle se perdiera algo que le gustaba por tener ella que ir a trabajar.

Y danzas no era lo único que se perdería en ese día. Ella y Rick tenían una entrevista con el maestro y el director del colegio de Greg. El jovencito había hecho un examen de aptitud y el resultado estaba entre el dos por ciento de los mejores, lo que había emocionado a Rick. Sin embargo, los maestros estaban preocupados porque no parecía participar. Deseaban reunirse con Rick y Kathryn para conversar acerca de cómo ayudar a Greg. Rick avisó que no podía salir del trabajo a mediodía, de manera que la entrevista recayó en Kathryn. Y ahora ella tampoco podría asistir. El director se mostró comprensivo cuando ella llamó para solicitar que reprogramaran la entrevista para el día siguiente; pero Kathryn deseaba poder hallar la manera de poner a su familia en primer lugar.

Tuvo un día largo y agotador, pero el trabajo hizo que pudiera sacarse de la cabeza sus preocupaciones. Llamó a su amiga Jill a las cuatro de la tarde. Su amiga estaba rendida, pero dijo que todos se comportaban bastante bien. Incluso Michelle colaboraba con los pequeños. Gregory no contestaba el teléfono. Estaba de nuevo conectado a Internet. Había intentado convencer a Rick de que instalara filtros en su computadora, pero Greg no lo toleraría y Rick no tenía idea de cómo configurar la computadora que su hijo había armado. En el trabajo, habían obligado a Rick a tomar cursos de capacitación que aumentaran sus conocimientos en computación, pero por lo general una de sus tres asistentes (jóvenes y bonitas) lo auxiliaba. Kathryn observó su figura que había perdido la cintura e hizo una mueca. En ocasiones se cuestionaba si Rick le mentiría cuando le decía que la consideraba atractiva. Todas las mujeres en el trabajo eran brillantes, ambiciosas, hermosas y sin hijos. Kathryn no podría nunca estar a la altura de ellas.

De regreso a casa, pasó por el barrio donde se reunía su pequeño grupo de estudio de la iglesia. Le encantaban los martes por la noche. Era el único momento en la semana cuando sentía que pertenecía a Chicago. Había sido sumamente difícil hacer amigos desde que se mudaron, y tanto ella como Rick estaban muy ocupados. Estaba todavía a media hora de viaje de su casa, ubicada en una prestigiosa zona residencial, donde Rick había insistido vivir.

Al principio le había encantado la casa y compartía el entusiasmo que sentía Rick, pero esa emoción se había evaporado. Durante el día no había nadie en la cuadra y Kathryn no tenía con quién conversar. Además, la casa era tan amplia que tenía mucho que limpiar. Ingresó a la entrada para autos con Amy dormida en su asiento y Michelle hablando a mil por hora protestando por haber perdido su clase de danzas. Cuando Kathryn abrió la puerta, se encontró con el desorden que había dejado aquella mañana en la sala. Sabía que debía pedirle a Michelle que recogiera sus cosas tiradas, pero la niña ya estaba enojada con ella.

Entonces permitió que las chicas vieran televisión mientras ella preparaba la cena. Cuando metió la comida al horno, se ocupó de acomodar. No sabía si Rick vendría a comer con ellos y echando una mirada por el pasillo, se preguntó si Gregory se les uniría.

Un paso hacia adelante, dos pasos hacia atrás

Cuando pensamos en nuestra vida y en las tareas que tenemos como madres y esposas, con frecuencia pensamos que las mujeres en décadas pasadas cumplieron su función mucho mejor que nosotras. Nos cuestionamos: «¿Qué hago mal? ¿Por qué no puedo adaptarme? ¿Por qué siempre me siento tan agotada?». Lo que espero haberte mostrado a través de estas tres historias es que estas son preguntas que no debemos hacernos. En vez de culparnos por sentirnos fuera de control, deberíamos darnos cuenta de que ese sentimiento es normal y es la respuesta lógica de nuestra sociedad tan agitada. No hay nada de malo *en* nosotras; puede haberlo en lo ajetreada que es nuestra vida.

Aunque estas historias son ficticias, representan la forma de vida en los diferentes tiempos de la historia. En cada época, la preocupación de las mujeres era prácticamente la misma: cómo criar a los hijos en el temor de Dios, cómo tener intimidad en el matrimonio, cómo promover la armonía entre hermanos y cómo brindar estabilidad económica a la familia.

Estas son las cuestiones que aún deberían ocupar nuestra atención, ya que cristalizan nuestras prioridades. Y cuando nos concentramos en estas cuestiones, podemos dejar de hacernos problema y comenzar a buscar soluciones prácticas.

Por supuesto, incluso esta búsqueda ya no es tan sencilla como solía serlo. Sin embargo, las respuestas a estos interrogantes eran más sencillas de encontrar en el pasado. Veamos las diferentes maneras en que esto es así.

Comunidad

Quizá el mayor cambio que se produjo con los años es la desaparición de una comunidad fuerte y vinculante. Melina, en 1860, vivía casi al lado de los abuelos, tíos y primos de sus hijos, y todos podían brindar consejo y aliento. El pastor era alguien importante en el pueblo y los vecinos estaban dispuestos a ayudar con la disciplina cuando fuera necesario. No les preocupaba que sus hijos estuvieran solos en la calle; sabían que alguien los cuidaba.

La familia de Valeria en 1950 también era importante para ella. Su hermana socializaba con ella y le daba consejos. Además contaba con vecinas en la cuadra con las que podía conversar. Aunque el pueblo no era tan unido como el de Melina, Valeria vivía en un buen vecindario. Hacía años que vivía en esa casa y era probable que viviera en ella muchos años más.

La vida de Kathryn en el mundo actual es sumamente distinta. El empleo de su esposo los arrastró a la otra punta del país alejándolos de su grupo de apoyo. No conoce a muchas personas de la ciudad y le había costado hallar amigos. Está muy preocupada por las influencias negativas que recibe su hijo, pero cuenta con escaso apoyo en cuanto a este problema. Es más, la gente de la iglesia es la única fuente de apoyo. Sin embargo, aun en una emergencia, se siente culpable por tener que hallar una niñera entre ellos. En vez de poder contar con personas en las que apoyarse, Kathryn vive en una época y en un lugar donde todo el mundo debe valerse por sí mismo.

La importancia de la familia

En la década del 1800 las mujeres estaban excluidas de la lista de votantes, de las oficinas públicas, de los empleos universitarios, de puestos en la iglesia, de la protección legal económica y mucho más. Mayormente, el mundo de una mujer giraba en torno de las relaciones económicas y sociales de la familia[1]. Todas sus preocupaciones estaban referidas al hogar. Aunque cada miembro de la familia tenía tareas definidas y el esposo era la figura de autoridad en el hogar, la familia era un consorcio de trabajo. En nuestra historia, Melina estaba involucrada en el empleo de su esposo Pablo. Ella estaba al tanto de las cuestiones del campo y contribuía a su éxito.

Durante el siglo siguiente, la mujer tuvo increíbles avances legales y económicos. No obstante, se produjo un cambio más insidioso. Como la economía familiar dejó el hogar para trasladarse a una fábrica u oficina, la esposa se vio de pronto excluida de la supervivencia económica de la familia. Los hombres pasaron a ser superfluos en el hogar, como la mujer en el mundo laboral. Valeria se lamenta que debe quedarse sola mientras su marido tiene desafíos más intelectuales; y Kathryn y Rick pareciera que viven en dos mundos diferentes. Si bien aplaudimos los derechos que las mujeres ganaron en el siglo XX, con frecuencia nos olvidamos lo que se perdió: el trabajo conjunto de la familia.

El papel del trabajo fuera de casa

Si bien en cierto sentido el trabajo y la casa no pueden separarse, a principios de este siglo pueden diferenciarse bastante. Los hombres comenzaron a buscar trabajo fuera del campo por la sencilla razón de que este ya no era una fuente de ingresos estable. No hay dudas de que quizá el mejor beneficio que las familias hallaron durante este último siglo es que la mayoría no siempre vive al borde de la pobreza.

En 1900, 56% de las familias norteamericanas vivían al borde de la pobreza[2] y en la actualidad son solo el 11,7%[3]. No obstante, en esta búsqueda por ser más solventes, los esposos abandonan el hogar en cantidades sin precedentes. El padre pasa a ser una figura distante en la familia, definido mayormente por su condición de proveedor (el que gana el pan). Aunque antes estaba muy involucrado en la vida familiar, como cuando Pablo disciplinó a Jacob, hoy en día puede que ni siquiera esté en casa a la hora de la cena.

Las mujeres tampoco escapan a esta trampa de identidad. Los trabajos que las mujeres han hecho tradicionalmente, como amas de casa y a cargo del cuidado de los hijos no arroja ganancias en dinero, por eso están devaluadas. A todos se nos juzga sobre la base de la economía, algo que no habría pasado nunca cuando el hogar *era* el lugar del negocio.

El papel de la mujer

A mediados del siglo XX, a las mujeres se les juzgaba por cuán bien podían mantener un hogar confortable y criar a sus hijos. Resulta interesante que la mujer descrita en Proverbios 31, frecuentemente considerada el arquetipo bíblico de la feminidad, es quizá lo que mejor describe a Melina, la mujer de 1860. Ella participaba en todas las esferas de la vida.

El papel de los hijos

Casi tan profundo como el cambio que se produjo en el papel de la mujer es el del papel de los hijos. Solían ser económicamente vitales para la familia. Aun el hecho de que haya vacaciones de verano de la escuela se remonta a los días en que se necesitaba a los niños para trabajar en el campo durante el verano.

Hasta hace bastante poco se esperaba que los hijos contribuyeran con la familia: iban a la escuela, pero debían hacer algunos trabajos. Sin embargo, hoy en día, los psicólogos nos advierten que debemos hacerlo todo bien o arruinaremos a nuestros hijos para toda la vida. Si combinamos esa actitud con el consumismo desenfrenado de la sociedad, obtenemos como resultado hijos espantosamente consentidos. Los involucramos en actividades luego de la escuela para que no se pierdan ninguna oportunidad. Les compramos toneladas de juguetes. Entonces, como no cumplen una función productiva integral en la sociedad, es sencillo que se vuelvan negativos y egocéntricos.

Nuestra cultura pareciera trabajar contra la crianza positiva. En la década del 1950, el televisor era un constructor de la comunidad. Hoy en día, 56% de los niños de entre ocho y dieciséis años tienen un televisor en su habitación. La familia está más dividida que nunca[4]. Y la computadora produce estragos en nuestros hijos que apenas podemos imaginar.

¿Adónde nos conduce todo esto?

Hoy en día, cuando pensamos en volver a los «buenos tiempos», por lo general nos referimos a la época de 1950 cuando la vida parecía más previsible. Sin embargo, la mejor imagen de una relación interdependiente y saludable podría ser la de Melina y Pablo, donde ambos eran parte integral de todos los aspectos de la vida económica y familiar.

Es evidente que no podemos regresar a aquella época. Sin embargo, es útil fijarse en lo bueno que esta tenía, y cómo las cosas han cambiado, tanto para bien como para mal. Cuando nos entreguemos a la investigación de los problemas del trabajo femenino hoy en día, recordemos algo de lo aprendido. Una de las razones por las que te sientes más estresada es porque las cosas *son* mucho más difíciles de lo que eran para nuestras madres a nuestra edad. No se trata de que tu madre o tu abuela hayan hecho un mejor trabajo que tú, sino que hicieron un trabajo *diferente*. Las mujeres de generaciones anteriores no eran perfectas. Tenían cosas distintas de las que ocuparse y contaban con más recursos que les proveía la comunidad, y además tenían ayuda. Cuando reconocemos esto, podemos adoptar soluciones prácticas que nos ayudarán en la vida cotidiana moderna.

Prueba rápida de la realidad

¿Cuáles son las presiones en la crianza y en el trabajo que son nuevas en nuestra cultura? ¿Pensaste alguna vez así de ellas? ¿Crees que podrías perdonarte por no ser perfecta, sabiendo que estás explorando un nuevo territorio?

Profundicemos

¿Te comparas con tu madre o con tu abuela? ¿Sientes que debes hacer un trabajo tan bueno como el que hicieron aquellas mujeres cuando eran jóvenes? Recuerda que Dios te ha dado una tarea específica para que hagas hoy; no en 1850 ni en 1950.

Capítulo 3

¡Esta no es la casa de mi madre!

Durante un seminario de sociología en tecnología, el profesor de la universidad pidió al grupo que eligiéramos uno de los artilugios de *Star Trek* [Viaje a las estrellas]: la holosección, el transportador o el replicador. Para las que no son fanáticas de la serie ni de las películas, la holosección es lo último en máquinas de realidad virtual, lo que permite que uno se introduzca en una habitación y experimente el mundo de fantasía que desee; el transportador permite que uno vaya adonde desee en forma inmediata y el replicador crea el alimento que uno quiera al instante. Todos escogieron alguno de los dos primeros. Fui la única en escoger el replicador, el más maravilloso artilugio que permite ahorrar tiempo en una casa con mucho trabajo. Creo que siempre he sido realista, pero me da la impresión de que ahorrar tiempo en las tareas cotidianas es muchísimo mejor que unas lindas vacaciones.

Hay que reconocerlo:
Las tareas de la casa son deprimentes

Ahorrar tiempo en las tareas de la casa puede liberarnos para que podamos ocuparnos de actividades más satisfactorias, cosas que tengan mayor importancia en el fortalecimiento y el bienestar de la familia. Incluso sin estos objetivos externos, dedicar menos tiempo a las tareas domésticas probablemente te haga sentir mucho más feliz, siempre y cuando mantengas un nivel de orden razonable en tu casa. ¿Por qué? Porque hay estudios que muestran que ocuparse de las tareas de la casa es uno de los trabajos más deprimentes, ya sea que uno le dedique todo el día o que lave los platos durante quince minutos.

Hay tres razones para que sea así: por lo general es una tarea que haces sola, nadie te agradece cuando terminas y, por encima de todo, ¡nunca se acaba! Ayer, cuando apenas terminaba de limpiar el piso, mi hijita se puso a jugar con masa para modelar... en el piso. No quería interrumpirla porque se veía muy creativa con el rodillo y los moldes para galletas. No obstante, hoy tengo en el piso trozos de masa verde por todos lados y tengo que volver a limpiar.

El parámetro para el trabajo en la casa impuesto por la sociedad

Propagandas

Una de las ironías del trabajo de la casa es que si nos visitara un extraterrestre pensaría que esa es la actividad más gratificante del mundo. En las propagandas de los limpiadores, las mujeres lucen como si el propósito de su vida fuera hacer que su hogar brille. Toda esta publicidad está diseñada para hacernos creer que *debemos* tener hogares así para ser felices. De lo contrario, nos sentiremos avergonzadas. Pareciera que ese nivel de limpieza siempre se logra con esfuerzo y el producto apropiado.

¿Sabías que hace cien años nadie usaba desodorante? Cierta empresa descubrió cómo fabricarlo, pero luego necesitaron hallar una manera de comercializarlo. Lanzaron avisos publicitarios en las revistas diciendo que todo el mundo apestaba. Hasta entonces, los olores corporales no eran un problema ya que todos olían igual. De repente, esto comenzó a ser una desgracia social, y hoy en días prácticamente todos usamos desodorante.

El mismo método se usó en los productos de limpieza para la casa. Muy pocos de estos productos existían hace cien años. La gente no contaba con el tiempo ni con la capacidad de tener todo tan impecable. La Melina de nuestra historia solo tenía cuatro habitaciones pequeñas para limpiar y pocos muebles a los que quitarles el polvo. Sin embargo, a pesar de todos los nuevos productos, hoy en día dedicamos más tiempo a las tareas de la casa que el que se dedicaba hace cien años. ¿Por qué?

Porque los parámetros son completamente distintos. Durante la década del 1920, cuando la sociedad estaba en crecimiento, se introdujeron muchos productos de limpieza y, de repente, tener una casa muy limpia era símbolo de estatus. Ese estatus femenino, durante la Segunda Guerra

Mundial, pasó a ser la colaboración con la guerra. Apenas esta finalizó, se presionó a las mujeres para que abandonaran la fuerza laboral y se dedicaran a criar hijos. Entonces el símbolo de estatus pasó de ser no solo la casa limpia sino la casa limpia más la mujer en la casa a cargo de todo, como la Valeria de nuestra historia.

Sin embargo, no terminó allí. En esta última década, las licuadoras, las multiprocesadoras de alimentos y ahora las máquinas para hacer tallarines han pasado a ser parte del paisaje en muchas cocinas. Si bien estos aparatos ahorran tiempo en ciertas tareas, el efecto acumulativo de ellos ha sido sencillamente el de aumentar la expectativa sobre nosotras. Las lavadoras automáticas sirven para que lavemos la ropa más seguido, así que tenemos más ropa para lavar. Contar con una máquina para hacer pastas significa que haremos pastas caseras en vez de comprarlas hechas. Como todos estos artefactos permiten que hagamos variedades de comidas de manera impecable, ahora tenemos un parámetro o un estándar más alto que las mujeres de hace algunas generaciones.

Mito #1: El ama de casa perfecta

No en balde las mujeres han interiorizado todos estos mensajes de perfeccionismo. Tenemos la expectativa de vivir de acuerdo a determinado ideal. El que más perdura, es al que yo llamo «el mito del ama de casa perfecta». En este caso, la única manera en que una mujer puede probar su valía es sobresaliendo en su papel como ama de casa. Trabajar fuera de casa está mal visto o al menos se ve como algo secundario, y a la mujer se le juzga por si su casa está o no *limpia*. Aunque esto era mucho más común hace una generación de lo que es hoy en día, muchas de estas expectativas aún persisten. Por esa razón no es sorprendente que las tareas de la casa tengan para las mujeres las connotaciones morales que tienen.

Incluso para las que no somos perfeccionistas al extremo, ni nos esforzamos porque todo esté «inmaculado», esta exigencia social nos continúa afectando. Vivir en una casa desordenada es con frecuencia una mayor fuente de tensión para nosotras que para los hombres. Las mujeres tendemos a crear un nido, procuramos generar un ambiente físico confortable para la familia. Es lo que se espera de nosotras y es, por lo tanto, lo que nosotras esperamos de nosotras mismas.

Jamás he sido una superlimpiadora; siempre tengo tantos proyectos entre manos que es difícil que mi casa no esté llena de cosas apiladas por todos lados. Sin embargo, algunas de mis amigas parecen vivir según las estrictas normas de ciertas revistas (¡excepto en lo del presupuesto!). Cuando entro en la casa de ellas, no puedo menos que compararla con mi casa atiborrada de cosas. Siento la misma vergüenza que cuando estoy frente a una mujer con las manos perfectamente arregladas (algo que tampoco he conseguido hacer) e incluso con una carrera brillante. Por alguna razón, mi casa se convierte con demasiada frecuencia en el palo de medir, de una forma en que no lo hacen otras cosas.

Mantener un hogar limpio y confortable puede ser un verdadero servicio a nuestra familia. Sin embargo, si esto se ha convertido en una fuente de tensión y estrés, necesitamos pensar en forma crítica acerca de los niveles esperados. ¿Hemos aceptado lo que la sociedad nos dice que es el trabajo de una mujer? ¿O tomaremos esas decisiones por nosotras mismas basándonos en estándares más reales?

Mito # 2: La supermujer

Este mito es más moderno y exige que la mujer se destaque en todo, incluso en su profesión. Con frecuencia, las mujeres que viven bajo este estigma están preocupadas por dar la impresión de que lo tienen todo bajo control, en vez de tomarse el tiempo para analizar qué desean sinceramente y cuál es la mejor manera de conseguirlo.

Quizá trabajemos fuera de casa con más esfuerzo del necesario porque eso es lo que se espera de nosotras. Una mujer que terminaba su internado en pediatría con mi esposo Keith, me llamó para que la aconsejara en cuanto a su licencia por maternidad. Ya casi finalizaban sus dieciséis semanas y debía reintegrarse al trabajo, pero si reprogramaba sus vacaciones y los turnos rotativos, podría permanecer unas ocho semanas más con su bebé. Ella estaba preocupada de lo que pensarían sus supervisores acerca de su deber con el trabajo si hacía esto. Yo le pregunté: «Dentro de diez años, ¿qué te importará más? Lo que tus ex supervisores pensaron de ti o lo que tu hija siente por ti?». Enseguida tomó la decisión de extender su licencia por maternidad.

Quizá pienses que tus exigencias profesionales y educacionales están mellando las necesidades de tu familia. O quizá tan solo desees poder disponer de más tiempo de calidad con tus hijos. Con frecuencia descubro que estoy todo el día en casa con mis hijas y, sin embargo, no tengo tiempo para jugar con ellas porque las tareas de la casa me insumen muchas horas. Todo esto genera un desequilibrio entre lo que creemos que debemos hacer para mantener el estándar adecuado y lo que sabemos que es en verdad importante.

Mito # 3: La reencarnación de la madre

Entre los otros dos mitos se halla la expectativa más peligrosa de todas: la que dice que tienes que estar a la altura de otra persona, que con frecuencia es por desgracia tu suegra. Si tu esposo tuvo una madre que hizo todo por él cuando era pequeño, de seguro esperará que tú hagas lo mismo. Y no tan solo que *hagas* lo mismo, sino *de la misma manera* que lo hacía su madre. Por supuesto que esto es imposible ya que no eres su madre. Si ingresaste en esta dinámica con tu marido, la relación con él y con su familia extendida estará en peligro. Te enojas con él por esperar de ti algo que no puedes darle y él se enoja contigo porque no cumples tu papel.

Mi amiga Linda todo el tiempo lucha contra esto. Es una maravillosa esposa y madre con una profesión de medio tiempo, y cada vez que entro a su casa tengo la impresión de que la mía parece un chiquero. Sin embargo, la madre de su esposo era tan competente como ama de casa y en su dedicación hacia sus cuatro hijos, incluso en detrimento de su persona, que no hay manera de que Linda pueda imitarla. No asa la carne igual que su suegra. No tiende las camas como ella. Linda siempre está cansada.

En otros casos, el problema no es que el esposo espera que la esposa se asemeje a la idea que él tiene de su madre. Es ella la que espera parecerse a *su propia* madre. Esa madre que no te ayuda en nada, y siempre anda sugiriendo cómo podrías limpiar mejor, o decorar mejor o criar mejor a tus hijos. Sientes que jamás eres lo suficiente buena.

Por último, están las que tienen que criar hijastros, y deben luchar así con el estándar de otra mujer que los cuida semana de por medio. Si sientes la presión de encajar en el molde de alguien, recuerda que según lo expresa el Salmo 139, Dios te hizo única y te creó con un propósito específico. No eres la extensión de otra persona; Él simplemente te hizo a ti. Ora pidiéndole a

Dios que te muestre cuál es su propósito con tu vida, con tu esposo, con tus hijos y concéntrate en esas prioridades en vez de intentar convertirte en alguien que no eres ni debes ser.

¿Cuál es tu norma de conducta?

Hemos echado un vistazo a los papeles que las mujeres con frecuencia asumen para poder estar a la altura de determinado ideal de la sociedad, pero estas no son las únicas maneras en que establecemos normas de conducta para nuestra vida. ¿Con qué frecuencia crees que debieras pasar la aspiradora? ¿Cuántas veces deberías usar un par de pantalones antes de lavarlos? ¿Con qué frecuencia cambias las sábanas? Todos tenemos parámetros distintos en cuanto a la frecuencia con la que realizamos estas tareas.

Suele suceder que nos resulta difícil reconocer que hacemos estas cosas porque esa es la manera en que *nosotras* las hacemos. No es algo prescrito por Dios, ni por la iglesia, ni por nuestros amigos, ni por nuestros padres, ni por nadie a excepción de nosotras mismas. Somos quienes en definitiva establecemos las normas para las tareas en nuestra casa. De manera que si apuntas a tener todo inmaculado y en el proceso te sientes frustrada, debes hacer una reevaluación. Fíjate si encuadras en alguna de estas categorías:

Normas inalcanzables

¿Te impones normas demasiado elevadas y nunca las alcanzas? Yo encajo dentro de esta categoría. Entro en mi casa diciendo: «Hay que limpiar este piso. Hay que aspirar aquella alfombra. ¿Cuándo podré hacerlo?». Aunque no tengas la motivación suficiente para limpiar, jamás puedes disfrutar de lo que haces porque has dejado de hacer las tareas de la casa.

Normas agotadoras

¿Te preocupa tanto cumplir lo que te has impuesto que no te queda tiempo para otra cosa? En vez de salir con tu familia, te quedas en casa para limpiar lo que han dejado sucio. En vez de descansar una vez que tus hijos se han ido a dormir, te dedicas a limpiar. Este trabajo que nunca tiene fin insume todas tus energías.

Normas sofocantes

¿Has generado un hogar donde tu familia se siente oprimida? ¿Te enfadas si están las cosas fuera de su lugar? Tal vez te hayas confundido y en vez de crear un hogar confortable quieres conseguir un hogar inmaculado.

Normas conflictivas

¿Esperas que tu esposo esté igual de preocupado que tú por las tareas de la casa? Por lo general a los hombres no los crían con esa preocupación sino a las mujeres. Es natural que ellos pongan menos énfasis en ello. Si esperas que tu esposo e hijos abran los ojos a esto, es probable que estés desperdiciando tus energías.

Cómo cambiar nuestro modelo
de trabajo en la casa

Sea que tratemos de vivir según un papel que nos resulta inalcanzable o que tratemos de imponer nuestra norma para las tareas de la casa a nuestra familia, no hay dudas de que nos estamos haciendo daño y, al mismo tiempo, herimos a nuestros seres queridos. ¡Uno no puede vivir siempre pacíficamente! Entonces, ¿por qué establecemos estas normas? Estas altas normas de conducta que nos imponemos son parte de nosotros porque nos las enraizaron nuestros familiares, los amigos, los medios y otras fuentes; por eso rara vez las cuestionamos. Si las cosas no funcionan, la respuesta no es hacer una reevaluación sino ¡trabajar más!

Debemos dar un paso atrás y observar nuestra vida a través de los ojos de Dios. La mejor manera de producir un cambio real es no concebir planes elaborados ni hacer nuevas resoluciones para convertirse en la esposa y madre perfecta. Es presentarnos con humildad delante de Dios y preguntarle qué cree Él que es importante. Olvídate por un minuto de la educación que hayas recibido, de tu círculo social e incluso de tu iglesia y veamos qué es lo que dice Dios.

Nuestro punto de partida debiera ser el versículo: «Ya no hay ninguna condenación para los que están unidos en Cristo Jesús» (Romanos 8:1). Sé que esto se refiere específicamente al perdón de los pecados, pero hay allí un principio que no debemos olvidar. ¿Cuáles son las palabras que relacionamos con nuestro estado antes de ser cristianas? Se me ocurren *ley*, *cautiverio*, *esclavo* y *culpa*. ¿Y las palabras de nuestra vida cristiana? *Gracia*, *libertad* y *perdón*. ¿Experimentamos en realidad esta libertad o, como mujeres, intentamos imponer una nueva ley sobre nosotras, una que siempre nos hace sentir culpables porque no conseguimos lo propuesto? ¿Vives una vida de continua condenación? Dejemos de medirnos según los parámetros sociales y preguntémosle a Dios hacia dónde quiere Él que apuntemos. Una vez que sepamos lo que Él quiere, podremos orientarnos en la dirección correcta.

En lo que respecta a nuestra familia, creo que hay tres interrogantes que Dios nos hace que parecen cubrir todas las bases. Pregúntate lo siguiente:

1. ¿Están todos los miembros de mi familia pareciéndose más a Cristo?

Primero que nada, el deseo de Dios para nosotros es que seamos «transformados según la imagen de su Hijo» (Romanos 8:29). Todo lo que hacemos debiera contribuir a que seamos más parecidos a Cristo. Al hacerlo, demostramos más y más los frutos del Espíritu.

Las relaciones familiares son vitales para aprender acerca de Dios y para acercarnos a Él. Dios es relacional por naturaleza. Él está formado por tres personas interrelacionadas. Él se describe como nuestro Padre, como nuestro novio, como una mamá gallina, como un esposo celoso, todas funciones relacionales. Los niños aprenden acerca de Dios como Padre por medio de nosotros como padres. Y Dios emplea el matrimonio para ilustrar su relación con la iglesia (véase Efesios 5:25-33). Con frecuencia es por medio de la relación que se produce el crecimiento para ser semejantes a Cristo. Por eso cuando observes a los miembros de tu familia, pregúntate si lo que estás haciendo es ayudar o no a tu familia a ser más semejante a Cristo.

2. ¿Eres buena administradora de tus dones?

Acercarte a Dios es el primer paso para un cambio positivo, pero esto debe hacerse junto con el acercamiento a las otras personas. En la parábola de los talentos de Mateo 25:14-30, el maestro que representa a Dios, dio a sus siervos dinero que deseaba que ellos invirtieran para promover sus intereses. Él premió a los que tomaron la iniciativa y usaron el dinero para obtener más, pero se enojó con el siervo que escondió lo que había recibido. Dios desea que usemos lo que Él nos ha dado, sea un talento o sean diez, para hacer crecer su reino.

Permíteme dar un ejemplo. Las normas que ponemos en nuestras tareas hogareñas pueden desalentarnos de recibir visitas o de permitir que nuestros hijos jueguen. Podemos creer que nuestra casa no está presentable como para invitar a alguien, y no queremos arriesgarnos a que se desordene más. Ambas actitudes están enfocadas en nuestras *relaciones* en vez de en nuestras *posesiones*.

Y los dones que Dios te ha dado no son todos materiales. Quizá Dios te hizo una buena maestra, pero no estás dirigiendo un estudio bíblico ni enseñando en la Escuela Dominical porque estás demasiado ocupada con otras cosas. Por supuesto, hay ocasiones en que no podemos comprometernos con un servicio determinado, pero si ese es un problema constante, debemos repensar nuestras prioridades. Ser buenos administradores de todo lo que Dios te ha dado significa que nuestra prioridad debe ser la de «edificar tesoros en el cielo» en vez de proteger los tesoros de este mundo.

3. ¿Estás siendo de tropiezo para los demás?

Por último, pocas cosas enfadaron tanto a Jesús como las personas que eran de tropiezo para los niños. En Lucas 17:2 dice: «Más le valdría ser arrojado al mar con una piedra de molino atada al cuello, que servir de tropiezo a uno solo de estos pequeños». No sé tú, pero yo no quisiera ni llegar a parecerme a uno de esos. Pablo, en su primera carta a los Corintios, dice que debemos preocuparnos por la condición espiritual de los nuevos cristianos (8:9). Jamás debemos hacer algo que impida el crecimiento espiritual de alguien que se empeña en ser semejante a Cristo.

El problema es que las piedras de tropiezo son espantosamente sencillas de colocar. Considera por un momento a tus hijos. ¿Qué cosa es lo que más los beneficia? Según las Escrituras, es aprender a obedecer. Si tu manera de interactuar con tus hijos hace que no te respeten, estás siendo una piedra de tropiezo que puede evitar que ellos aprendan acerca de Dios.

Pero no solo a los niños podemos dañar. Bill Hybels, pastor principal de la iglesia de la comunidad de Willow Creek, afirma que cuando la gente hoy en día se pone a pensar en la fe, no está interesada en discusiones profundas. Tienen una sola pregunta: «¿Me irá bien o me irá mal siendo cristiano?». Si te sientes insatisfecha con el papel que cumples en tu familia, le estarás diciendo a tus amigos que no son cristianos, al igual que a tus hijos, que Dios te pide algo que te hace sentirte desgraciado. Convertirse en cristiano, entonces, para ellos será algo malo. ¿Quién querría hacer algo igual?

La solución, por cierto, no es poner una cara de felicidad y fingir que todo está bien. ¡Esa es la receta perfecta para el desastre! Lo que debemos hacer es acercarnos a Dios en oración y pedir que nos aclare qué debemos hacer. Cuando estamos en el centro de la voluntad de Dios, sentimos paz. Si no sentimos paz en el lugar que estamos, debemos movernos.

Es interesante notar que estas tres preguntas poco parecen tener que ver con las tareas del hogar en sí y mucho con promover el reino de Dios. Así que, ¿cómo puedes usar estas preguntas para que te sean de ayuda práctica al decidir las actividades cotidianas? Creo que cuando uno tiene visión, el resto de las cosas encajan en su lugar. Debido a esto, no voy a concentrarme en las reglas de las tareas de la casa en sí, porque estas varían de una familia a otra. En cambio, me concentraré en las maneras en que podemos reducir el tiempo dedicado a las tareas del hogar. Eso nos dará más tiempo para dedicarnos a otros propósitos más valiosos.

Aunque parezca que yo considero sin importancia el trabajo de la casa, nada está más lejos de la verdad. Es importante mantener un hogar confortable para tu familia y proveerles de un refugio que los proteja del mundo exterior. Cuando tus hijos se sienten cómodos en el hogar, es más probable que inviten a sus amigos a tu casa, lo que te permitirá controlarlos mejor. A tus vecinos les agradará visitarte y las personas gravitarán a tu alrededor. Mi preocupación es que limitemos la comodidad al tema de la limpieza, y que al hacerlo no descuidemos las prioridades del crecimiento espiritual y de la buena mayordomía. Necesitamos hallar la manera de hacer las tareas del hogar lo más rápido posible y con el menor estrés posible. Yo cuento con tres estrategias principales para hacerlo: organizarnos para aumentar nuestra eficiencia; generar hogares cómodos para la familia pero de mantenimiento sencillo y organizar nuestras prioridades. Estas estrategias están alineadas con los objetivos divinos para nosotros y nos ayudarán a reorientar nuestra vida de manera adecuada.

¡Organízate!

La forma más evidente de recortar el tiempo empleado para las tareas del hogar es hacerlas más rápido. Y la única manera de hacerlo es organizándose. Aunque tengas la impresión de que funcionas a toda máquina durante todo el día, puedes hallar maneras de ahorrar tiempo.

Planea

El mejor ejemplo de esto es la planificación y preparación de las comidas. Cuando no planeas qué vas a preparar para la cena, terminarás teniendo que hacer mucho e incluso quizá hasta vayas de una corrida hasta el almacén a último momento. Prepara algunas cosas de antemano para ahorrarte todo el estrés. Intenta planificar tus comidas para toda una semana. Si quieres, puedes reunir a la familia y ofrecerles que cada uno elija una comida. Esto incluso aumenta las posibilidades de que luego la coman.

Si eres de veras ambiciosa, puedes implementar alguna de las novedosas estrategias de cocina disponibles como por ejemplo *Once a Month Cooking* [Cocina para todo un mes] de Mimi Wilson y Mary Beth Lagerborg[1]. Ellas defienden el método de separar dos días al mes para comprar, preparar y colocar en el congelador todas las comidas para un mes. La preparación de antemano y la cocción en grandes cantidades puede ahorrarte tiempo y, lo que es mejor, puede eliminar la frustración que sientes cuando es la hora de la cena y no tienes idea de qué preparar.

Haz dos cosas al mismo tiempo

En su libro *The Family Manager*, Kathy Peel brinda algunas ideas útiles para ahorrar tiempo mientras se realizan las tareas de la casa[2]. Aboga porque uno haga dos tareas al mismo tiempo cada vez que sea posible. ¿Tienes un teléfono inalámbrico? Entonces puedes limpiar mientras haces tus llamadas. ¿Están tus hijos jugando en el baño? ¿Por qué no aprovechar, entonces, para limpiar el botiquín?

Mantenimiento

Otra cosa que podemos hacer para reducir la cantidad de trabajo que hacemos, es realizar mantenimiento preventivo. Haz una lista de las cosas de tu casa que necesitan mantenerse. Aquí hay algunas de las más comunes por las que puedes comenzar:

- Realizar un mantenimiento anual de la caldera y el aire acondicionado.
- Cambiar los filtros de la caldera, de la chimenea, de los purificadores de aire, de los humidificadores, etc.
- Limpiar las canales de los aleros una vez al año.
- Usar un absorbedor de humedad si el subsuelo es muy húmedo y un humidificador si el invierno es muy seco.
- Lavar las alfombras a fondo una vez al año.
- Lavar las cortinas varias veces al año.
- Correr todos los muebles y aspirar al menos dos veces al año.
- Raspar los pisos y aplicar acabado al menos dos veces al año.

Si realizas estas tareas, es probable que evites gastos, apagones de luz, inundaciones o moho. Y las cosas te durarán mucho más tiempo. Eso será un ahorro de tiempo.

Programa las tareas

Programa fechas para el mantenimiento, pero también quizá debes programar las tareas cotidianas. Uno de los problemas que tiene con frecuencia la gente es que se concentran en las áreas «visibles», como la sala o la cocina, mientras que pocas veces limpian las otras zonas. O quizá pasan el trapeador con frecuencia en la cocina, pero olvidan aspirar las alfombras del piso superior.

Esto puede dar como resultado que haya zonas de tu casa que se están saliendo de control, lo que solo te añade frustración. Si quitas el polvo de tu habitación cada varios meses, aunque lo hagas en la sala dos veces por semana (¡donde están los invitados!), quizá comiences a estornudar por las noches.

Confecciona una lista donde figure la frecuencia con la que deseas realizar las tareas. Sería ideal que solicitaras a tu familia que ayude con algunas de ellas. Hablaremos de eso más adelante. Ahora bien, en cuanto a las tareas que reservas para ti, decide cuáles deben hacerse todos los días, una vez a la semana, cada quince días o una vez al mes. Prepara una agenda mensual donde puedas registrar las cosas a medida que las haces. Incluyo la que yo utilizo para que te sirva como guía y una en blanco para que la adaptes según tus necesidades. Usa esta agenda para decidir con qué frecuencia quieres hacer las tareas y luego organízate para hacerlas.

Descubrirás que este sistema tiene varias ventajas. Primero, todo lo que haya que hacer será hecho. Tu casa estará bien mantenida, así que tus cosas durarán más. Segundo, al final terminarás trabajando menos.

Una vez que has acabado las tareas del día, puedes detenerte aunque el lavadero sea un lío o tu escritorio desborde de papeles. Estas cosas se harán cuando sea su momento, pero ahora es tu hora de descansar. De igual manera, si haces las tareas de la casa según lo programado, sabrás que todo se hará en su debido momento. Entonces, una vez que has terminado las tareas del día, no hay nada más que hacer. Puedes detenerte sin sentirte culpable si te relajas o si dedicas tiempo a otra cosa.

Por supuesto, para algunas de ustedes sucederá lo contrario. Terminarás haciendo más trabajo que antes, porque no limpiabas con la frecuencia necesaria para mantener la casa limpia de manera sistemática. (Este es mi caso, lo reconozco). Permíteme asegurarte que, aun así, puedes aprender a hacer las cosas más rápido. Algunas sugerencias:

- Limpia acompañada de música con ritmo.
- Registra el tiempo que demoras e intenta batir tu propia marca.
- Considera la limpieza como un ejercicio. Trata de limpiar lo más rápido que puedas hasta que sudes y pierdas el aliento. De esa manera, la limpieza será uno de los períodos de veinte minutos diarios de ejercicio que se supone que hagas.

Para honrarlo, para amarlo y ¡para que limpie!

Tarea a realizar	Semana 1						Semana2						Semana3						Semana4					
	L	M	Mi	J	V	S	L	M	Mi	J	V	S	L	M	Mi	J	V	S	L	M	Mi	J	V	S
Diaria																								
Lavar los platos																								
Sacar la basura de la cocina																								
Lavar la ropa																								
Doblar la ropa																								
Limpiar los pisos																								
Preparar la cena																								
Ordenar la planta baja																								
Ordenar la planta alta																								
Preparar el almuerzo del día siguiente																								
Semanal																								
Ordenar el sótano/sala de juegos																								
Limpiar los baños																								
Sacar la basura																								
Quitar el polvo de la planta baja																								
Quitar el polvo de la planta alta																								
Aspirar las alfombras																								
Pagar las cuentas																								
Hacer las compras en el mercado																								
Mensual																								
Limpiar el lavadero																								
Pasar el trapeador en la planta alta																								
Lavar los vidrios																								
Conciliar las cuentas bancarias																								
Lavar o cambiar los filtros de la caldera																								

Tarea a realizar	Semana 1						Semana2						Semana3						Semana4					
	L	M	Mi	J	V	S	L	M	Mi	J	V	S	L	M	Mi	J	V	S	L	M	Mi	J	V	S
Diaria																								
Semanal																								
Mensual																								

Ponte metas específicas

¿Te ha sucedido alguna vez que estás limpiando tu dormitorio y en el proceso encuentras varias cosas que son de la sala? Las recoges y bajas las escaleras para llevarlas. En el trayecto, notas que a las plantas les hace falta agua. Cuando entras a la cocina para dejar el balde, te das cuenta de que todavía están en la pileta las tazas del desayuno. Te pones a lavarlas hasta que debes salir corriendo a buscar a tus hijos de la escuela. Te apuras pero sientes la frustración de que en realidad no has limpiado nada.

A mí me sucede siempre. Es como que no consigo concentrarme en algo en lo que se refiere a acomodar. Al cabo de una hora, tengo pequeñas porciones limpias en cada cuarto de la casa, pero nada terminado. Uno tiene la sensación de que no puede mostrar «algo» de lo mucho que hizo.

Cuando decides hacer una tarea, asegúrate de hacer *eso* y solo *eso*. Si hay cosas que debes llevar a otra habitación, sepáralas en un montón pero no las lleves mientras no hayas terminado la tarea que tienes entre manos. De esa manera, te aseguras que al final al menos esté ordenado.

Define cuánto es «suficiente»

Cuando limpias la sala, ¿pasas la aspiradora debajo de los sillones todas las veces? ¿Te paras sobre una silla y quitas el polvo de la parte superior de la biblioteca? ¿Lavas las cortinas venecianas? Cada una tendrá una respuesta distinta para estos interrogantes y no hay una que sea la correcta. Sin embargo es bueno reflexionar en qué entiende uno por «suficiente» en lo referido a la limpieza de una habitación. Quizá no siempre tengas tiempo para limpiar a fondo, y entonces ¿qué cosas puedes pasar por alto y cuáles son realmente necesarias? Si siempre te exiges la perfección, la idea de limpiar puede ser tan abrumadora que ni siquiera te atreves a comenzar.

¿Cuánto es suficiente? Si no cuentas con el tiempo para hacer todo lo que te gustaría hacer una vez por semana, tal vez debas hacer algunas de esas tareas una vez al mes o con cada cambio de estación, y limitarte a hacer una vez por semana solo lo indispensable. Define qué es lo adecuado y no te reproches si no consigues hacer más.

Haz que tu hogar sea cómodo para la familia

Si compras muebles bellos y alfombras espléndidas, las posibilidades son que estarás preocupada por la limpieza. ¿Has estado alguna vez en una casa en la que temes manchar la mesa o romper accidentalmente algún objeto de cristal? ¿Es tu casa un motivo de nervios? Si es así, es probable que eso también preocupe a otros. No uses tu hogar como medida de tu éxito económico; úsala para disfrute de tu familia.

Si hay niños en la casa, piensa en comprar muebles usados en remates, ventas de garaje o negocios de cosas usadas. Mientras tus hijos sean pequeños, emplea platos plásticos y compra mesas y sillas que puedas limpiar con facilidad en vez de antigüedades de madera. Compra o cose tú misma unas fundas para los muebles que sean sencillas de lavar.

Durante su internado, mi esposo estudió un antiguo caso de una madre que sospechaba que su hijo tenía algún problema de conducta. Otras personas que conocían bien al niño, consideraban que este era perfectamente normal. Cuando hicieron una visita al hogar, pronto esclarecieron cuál era el problema. La madre intentaba mantener la casa tan ordenada como antes de que naciera. No había juguetes desparramados; las revistas estaban apiladas en una mesita auxiliar. En su habitación, los clósets estaban acomodados según un código alfabético de colores (las camisetas azules junto a las rojas y luego, las verdes). Podrás imaginarte el estrés de esta mujer cuando su pequeño hijo trataba de actuar como niño y exploraba la casa. ¡Algo debía quedar fuera de su lugar!

Si notas que tus normas son demasiado agobiantes para tu familia, dales un ambiente donde puedan manejarse según sus propias normas. Esto puede animarlos a respetar tus normas en el resto de la casa. Si ya tienes muebles costosos, trata de que al menos exista un cuarto de la casa donde los niños puedan moverse con libertad. Para los adolescentes, asegúrate de que exista una zona cómoda donde puedan socializar, desparramar papas fritas o levantar los pies sin que tú te enojes. Para los niños más pequeños, trata de que haya un espacio donde puedan manifestar su creatividad con pintura, masa para modelar o pegamento.

Los niños quizá disfrutan de vivir en un ambiente desordenado. Para algunos es una manera de manifestar su independencia. El solo hecho de que tu hijo de once años quiera tener su cuarto hecho un chiquero no significa que de adulto vaya a ser un vagabundo. Para evitar conflicto, prueba permitirles a tus hijos que tengan su habitación como les gusta. A cambio, tú puedes solicitarle que la limpien (no necesariamente que esté ordenada, pero sí limpia) una vez a la semana. De esa manera te aseguras de que el polvo no se acumule y que la ropa sucia está siendo lavada, aun cuando haya piezas de aeromodelismo desparramadas por todo el lugar.

Al modificar tu énfasis hacia la comodidad de las personas en vez del mantenimiento de las apariencias, es probable que tu actitud hacia las tareas de la casa también cambie. Tener como norma contar con la «casa perfecta» puede ser agotador y a la vez limita nuestra capacidad de compartir con los demás. Quizá tú quieras invitar a tu casa, luego de la iglesia, a ese matrimonio nuevo; pero no puedes permitirles entrar porque quedaron los restos del desayuno en la encimera y hay juguetes desparramados en las escaleras.

Cuando pensamos así, estamos colocando las *cosas* antes que a las *personas*. Hacer que el hogar sea cómodo para la familia significa que sea un lugar donde la gente se sienta cómoda. El pastor Kevin Dowling, un amigo de nuestra ciudad, dice que los cristianos deben tratar de ser hospitalarios en vez de divertidos. Nuestra motivación es compartir nuestro hogar y nuestra vida, no montar un espectáculo. De manera que en vez de depositar tus energías en mantener un hogar perfecto que pocos ven, trata de hacer que tu hogar sea confortable y que allí la gente se sienta bien recibida.

Si trabajas de manera eficiente, te organizas bien y haces que tu hogar sea cómodo para tu familia, podrás contar con tiempo libre y reducir tu estrés. Puede darte más oportunidades de concentrarte en tus objetivos eternos en vez de andar corriendo de aquí para allá tratando de mantenerlo todo perfecto. En el capítulo siguiente prestaremos atención a una tercera estrategia: reenfocar nuestra vida en nuestras metas eternas al programar tiempo para concentrarnos en nuestras verdaderas prioridades.

Prueba rápida de la realidad

¿Quién define tus normas? ¿Te encuentras en alguno de los mitos? ¿Tratas de ser un ama de casa perfecta, una supermujer o estás tratando de ser como alguien (tu suegra o tu madre)? Pídele a Dios una visión de tu singularidad.

Profundicemos

1. ¿Cómo son tus normas? ¿Tienes normas inalcanzables, agotadoras, sofocantes o conflictivas, o incluso alguna combinación de ellas? ¿Qué es lo que más te gustaría cambiar?

2. ¿Hay cuestiones en las que una mejor planificación podría ahorrarte tiempo? Fíjate en las sugerencias para una mejor planificación y una tarea en el hogar más eficiente, y pregúntate cuál crees que producirá la mayor diferencia en ti.

3. ¿Cuánto tiempo quieres dedicar a las tareas de la casa? Anota las actividades que haces y decide cuánto es el tiempo *ideal* que quieres dedicar a cada cosa. Asegúrate de que las más importantes cuenten con tiempo suficiente. Ahora anota cuánto tiempo *en realidad* dedicas a estas cosas. ¿Dónde se producen las mayores discrepancias?

Capítulo 4

Cómo equilibrar la balanza

S i te hubieran contratado para limpiar tu casa, tendrías un horario para comenzar, un horario para terminar e intentarías ser lo más eficiente posible para terminar temprano. El problema cuando haces tú misma las tareas domésticas es que siempre estás en el *trabajo* cuando estás en *casa*. Incluso cuando te sientas a descansar un momento, miras a tu alrededor y notas de pronto que las paredes están sucias.

La mejor manera de dejar de estar siempre trabajando, o al menos de sentir que debes hacerlo aunque no lo hagas, es programar otras actividades y convertirlas en *prioritarias*. Estas actividades deberían ser las cosas de veras importantes que te ayudan a mantener tu vida enfocada y a ti, más feliz. De esa manera, estarás asumiendo la responsabilidad de tu propia felicidad. Aunque nada cambie, no necesitas permanecer en la rutina.

Las nuevas prioridades y tu familia

Esto no solo te ayudará a sentirte rejuvenecida sino que ayudará a que se transformen tus relaciones con tus hijos. Primero, tus hijos se sentirán libres para crecer y explorar sabiendo que tienes en tu vida otras cosas aparte de ellos. También saldrán beneficiados con tu ejemplo de equilibrio en sus futuras relaciones e identidades de género. Es menos probable que tus hijas rindan por completo sus necesidades por el bien de la familia. Ni tampoco rechazarán de plano el papel de ama de casa para ocuparse de lleno a su profesión, como lo han hecho muchas mujeres para evitar la vida de insatisfacción que creyeron que experimentaron sus madres[1]. Tus hijos varones pueden también comprender que, aunque la maternidad es en extremo importante, Dios te dio también otros talentos y metas. Estarán más dispuestos a tratar a su esposa con respeto y así tendrán matrimonios más fuertes.

Quizá tú pienses: «Pero yo ya trabajo fuera de casa, así que mis hijos ya han de verme como equilibrada». En cierto sentido puede que tengas razón; pero si ellos te ven desesperada tratando de hacer todo cada vez que no estás en tu trabajo, pensarán que eres una mártir. ¡Y esa no es una vida equilibrada!

Por último, es probable que tus relaciones con tu esposo mejoren a la larga si ve que tienes intereses fuera del núcleo familiar. Una queja bastante frecuente en los matrimonios cuando la esposa permanece en el hogar es que, cuando el esposo llega del trabajo, desea contar con media hora de tranquilidad para desenchufarse, mientras la esposa está desesperada por mantener una conversación adulta.

A medida que desarrolles más maneras de ocuparte de tus necesidades legítimas, te apoyarás menos en él como única fuente de compañía adulta. Puedes acercarte a él como un igual que desea compartir un momento con su esposo y no como alguien que se le adhiere o lo necesita en demasía.

El modelo de las nuevas prioridades

Hallar tiempo para las cosas importantes no tiene por qué ser oneroso. Sugiero el siguiente modelo: comienza por programar seis bloques de al menos quince minutos en la semana en tres diferentes esferas de renovación: dos de «cuidado de tus relaciones», dos de «cuidado personal» y dos de «cuidado espiritual». Se trata de cuestiones bastante amplias que puedes adaptar para que cubran tus necesidades e intereses, pero lo suficiente específicas para asegurar un enfoque equilibrado. La cuestión no es tanto *qué* haces sino que hagas una variedad de distintas actividades estimulantes.

Cuando tus hijos son pequeños, puede que tengas que hallar maneras de hacer estas cosas aun mientras los estás cuidando. Tal vez puedas aprovechar algún momento en que duermen una siesta o puedas colocar un video y tener como propios esos veinte minutos. Más adelante, puedes usar un tiempo por la noche o mientras están en la escuela. Si trabajas, trata de usar las pausas para almorzar o para tomar un café (si tienes la suerte de contar con eso) para hacer alguna de estas actividades. ¡Es asombroso lo productiva que puedes llegar a ser en tan solo quince minutos!

Una vez que tu vida es más plena y te concentras más en cada uno de estos elementos, trata de incrementar la cantidad de tiempo y la cantidad de cosas que haces. Sin embargo, asegúrate de hacerlo según lo programado, porque podría llegar a pasar una semana y tú haber descuido algo.

Cuidado espiritual

No hay nada que pueda compararse con la lectura de la Biblia para conseguir saturarnos con la verdad y recordarnos el gozo que se experimenta tan solo con descansar en Dios. Las Escrituras te ayudan a colocar los problemas en perspectiva, a darte lineamientos bíblicos para tu familia y a aumentar tu amor y tu paciencia. No obstante, puede ser difícil hallar el momento para leerlas, en especial cuando estás agotada. Ten a mano un Nuevo Testamento de bolsillo. Puedes leer mientras acunas a tu bebé, mientras vas a tu trabajo, mientras esperas que uno de tus hijos termine una clase e incluso mientras haces gimnasia en un aparato.

En cierta oportunidad leí que cuando Ruth, la esposa de Billy Graham, criaba a sus hijos, se compró una Biblia en casetes para escuchar mientras limpiaba la casa. Para ella era prácticamente imposible hallar el momento de sentarse a leer. También podemos usar la música para ayudarnos a meditar en la Palabra de Dios. La letra de muchas alabanzas se basan bastante en las Escrituras. Colocar un CD de música cristiana mientras quitas el polvo puede elevar tu espíritu y ayudarte a sentir la presencia de Dios. Usa el método más creativo que te parezca, pero te aliento a que trates de llenar tu vida con la Biblia.

Sin embargo, a veces necesitamos momentos de quietud con nuestro Padre Dios, un tiempo dedicado tan solo a escuchar lo que Él quiere decirnos. Aunque a la mayoría nos gustaría escuchar una voz audible del cielo, lo más común es que Él nos hable en un susurro, como lo hizo con Elías. Para poder escuchar ese susurro, debemos permanecer quietas y reconocer que Él es Dios (Salmo 46:10). Permanecer quietas es tremendamente difícil, pero trata de separar algunos minutos todos los días solo para escuchar, y a lo mejor anotar los pensamientos que Él te da, de manera que tu alma pueda hallar verdadero descanso.

Si bien mantener nuestra relación personal con Dios es vital, también es importante que nos reunamos con otros cristianos. Los cultos de los domingos pueden elevar nuestro espíritu pero en ocasiones no son suficientes para sostenernos. En la mayoría de las iglesias, el domingo es para enseñanza y aprendizaje; no hay ocasión para construir relaciones. Y son estas relaciones las que pueden mantenerte responsable ante otros, ayudarte a mantener la perspectiva, fortalecerte y exhortarte.

Cuando hace cinco años nos mudamos a una ciudad más pequeña, el mayor beneficio de ello fue que pude asistir a un estudio bíblico para mujeres. Para las mamás que permanecen en su casa, estos encuentros diurnos a mitad de semana son una verdadera bendición. El nuestro ofrece cuidado de niños y es en verdad una pausa refrescante en medio de la semana. De las más de veinte iglesias evangélicas que hay en nuestra ciudad, solo cinco ofrecen estudios bíblicos diurnos a mitad de semana. Por lo tanto, asisten mujeres de distintas iglesias. Si tu iglesia no ofrece estudio bíblico para mujeres, ¡busca otra que sí lo haga!

Si esta clase de reunión no te satisface, busca un grupo pequeño que se reúna por las tardes. Muchas iglesias ofrecen estudios a mitad de semana en casas de familia. Esta puede ser una maravillosa fuente de enriquecimiento y aliento. Si tu problema es qué hacer con tus hijos, piensa en lo que mis amigos Bárbara y Tom hacen: son anfitriones de un grupo. También puedes elegir el camino de Aimee y Pablo, y organizar un grupo pequeño que se reúne en la iglesia. Allí cuentan con grandes espacios de juegos para los niños y, entre todos, pagan los servicios de una o dos niñeras que se ocupan de todos los niños. Incluso pueden reunirse temprano y cenar juntos. Es una oportunidad perfecta para estrechar lazos de comunión.

¿Qué sucede si trabajas sin un horario fijo y eso te impide asumir un compromiso en determinado día? ¿Y si trabajas tanto que no deseas salir de casa otra noche de la semana? Piensa en la posibilidad de iniciar un grupo de estudio o de oración en tu trabajo. Aunque solo conozcas a un cristiano en tu oficina, por lo general cuando comiencen a reunirse aparecerán otros que se les sumarán. En muchas ciudades grandes cuentan con encuentros a horas de almuerzo en el centro de la ciudad. Cuando tenía diecinueve años y trabajaba en un empleo de verano en uno de los rascacielos de Toronto, asistía a un increíble encuentro evangelístico a horas de almuerzo en la sala de juntas de una importante empresa de seguros. Si trabajas en el centro de la ciudad, averigua si hay algún encuentro cercano.

Dedica tiempo a nutrir tu lado espiritual y obtendrás el alimento necesario para mantener el resto de tu vida en perspectiva.

Ideas para el cuidado espiritual

- Lee las Escrituras.
- Memoriza las Escrituras.
- Lee libros de inspiración.
- Escucha casetes de la Biblia.
- Escucha CD de alabanza.
- Únete a un grupo de estudio bíblico femenino.
- Únete a un grupo pequeño de estudio bíblico.
- Inicia un grupo pequeño en la escuela o donde trabajas.

Servicio

La mejor manera de ayudarte es ayudar a alguien. Cuando prestas un servicio a alguien (y me refiero a alguien fuera de tu familia), nos concentramos en los problemas y situaciones de la vida de otras personas. Eso nos saca de nuestra limitada visión y podemos apreciar mejor la creación de Dios y su propósito. Tony Campolo relata la historia de una mujer que hacía años que padecía depresión y visitaba con frecuencia a una psicoterapeuta para hablar de sus problemas. Se involucró en una misión de Campolo a los niños de las zonas urbanas deprimidas y por medio del trabajo con estos niños percibió una transformación en su persona. ¡Servir a los demás le produjo mayor bienestar que su terapeuta![2]

No obstante, hay momentos en la vida en los que no podemos participar de las reuniones cristianas tradicionales. Cuando hacía malabarismos para ocuparme de un bebé y correr a la vez tras un párvulo, me era imposible involucrarme en actividades de la iglesia. Me veía obligada a estar en cierto lugar a determinada hora siendo que no contaba con una niñera. Sin embargo, de todas maneras hay cosas que uno puede hacer cuando su situación es restrictiva.

Para honrarlo, para amarlo y ¡para que limpie!

Ideas de servicio cuando los niños son pequeños

- Invita a cenar a una persona que esté solitaria. (No les importa tanto como crees el caos que suele haber en un hogar con niños pequeños).
- Dirige un estudio bíblico en tu casa con una amiga que esté buscando a Dios.
- Colabora con el banco de alimentos local un sábado por la mañana al mes. (A muchos les agrada que uno vaya con niños).
- Ofrécete a cuidar los niños de una madre o un padre sin cónyuge.
- Escribe cartas a favor de cristianos de todo el mundo que están en prisión por su fe.
- Escribe cartas a los políticos que expresen la postura bíblica en cuanto a temas de actualidad.

Ideas de servicio para que participen los niños

- Ofrece cuidado de niños en un grupo de autoayuda de tu comunidad o iglesia.
- Ayuda a tus vecinos recogiendo hojas, cortando el césped o arreglando el jardín.
- Organiza un picnic evangelístico de verano en el patio de tu casa.
- Ayuda a una familia de inmigrantes. Puedes averiguar en *United Way* o en el Ejército de Salvación y luego mostrarles la ciudad, dónde pueden hacer las compras, dónde pueden congregarse, dónde se encuentran los servicios básicos y ayudarlos a adaptarse a la cultura.
- Limpia una plaza de tu zona.
- Recaudar fondos para *Visión Mundial* u otra entidad que a tus hijos les agrade. Pueden lavar automóviles, ahorrar centavos, recoger botellas o lo que quieran. ¡Produzcan una diferencia!

A ti se te ocurrirán muchas otras ideas. Convertir el servicio en parte de tu vida cotidiana mantiene tus ojos alejados de ti misma y te recuerda, así como a tu familia, las muchas bendiciones que Dios les ha dado.

Cuidado de relaciones

Diversión con la familia

¿Dedicas interminables horas cada semana a trabajar por tu familia pero no hallas tiempo para divertirse juntos? Los momentos de diversión, cuando todos ríen juntos, son los que crean los recuerdos familiares. Esto no necesita ser costoso ni tampoco necesita durar mucho tiempo. A continuación presento algunas ideas para realizar con niños pequeños:

Cuidado de las relaciones con niños pequeños

- Arrópense en tu cama y léeles cuentos.
- Cocinen galletas.
- Hagan una lucha de agua.
- Jueguen con masa para modelar o pinten con los dedos.
- Salgan juntos luego de la lluvia a chapotear en los charcos de agua.
- Vayan a una biblioteca.
- Pasen corriendo juntos por los aspersores de agua.
- Preparen helados para el desayuno (¡un fin de semana, por supuesto!).
- Actúen disfrazados.
- Pinta la cara de tus hijos con diversos motivos.
- Deja que los niños te maquillen.
- Organicen un picnic.
- Juega con ellos a los videojuegos (¡es probable que te ganen y eso les encanta!).

Con los adolescentes, es un poco más difícil encontrar actividades porque no les parece divertido estar contigo. Sin embargo, aquí van algunas ideas:

Cuidado de las relaciones con hijos mayores

- Salgan a montar bicicleta.
- Solicita la ayuda de tu hija para actualizar tu guardarropa.
- Jueguen al juego de mesa preferido de ellos (*Scrabble, Monopolio*, etc.)
- Ofrézcanse juntos como voluntarios para algo.
- Asiste a los juegos deportivos en los que ellos participan.
- Invita a que los adolescentes se reúnan en tu casa.

Tiempo para la pareja

Es muy fácil que ocurra que tu esposo quede en último lugar cuando hay tantas cosas que demandan tu atención inmediata: los niños, los platos, el perro. Sin embargo, un matrimonio feliz también exige tiempo. Mencionaremos después formas innovadoras de enriquecer tu tiempo de pareja en el capítulo sobre la intimidad.

Socialización con los amigos

Con demasiada frecuencia las mujeres se privan de disfrutar de la amistad porque no tienen tiempo. Mi esposo y yo nos mudamos a Toronto para hacer su internado cuando yo estaba embarazada de tres meses (y me sentía muy descompuesta) de nuestra primera hija. Como mi embarazo era bastante desagradable y los compromisos que él tenía por su trabajo también lo eran, no hicimos muchas amistades antes de que naciera Rebecca.

Enseguida vinieron dos nuevos embarazos y el resultado final fue que luego de estar cuatro años en la ciudad, establecimos escasas relaciones. Se produjo un cambio cuando me uní a un grupo de juegos en el que pude finalmente relajarme con otras mujeres durante el día. Aunque muchas de estas mujeres no habrían estado en mi círculo social en otras circunstancias, la satisfacción de poder tener alguien con quien hablar valía la pena.

Si eres por naturaleza tímida, hacer amistades puede ser algo difícil. Trata de hacer cosas que realmente disfrutes. Colabora en la escuela de tus hijos, toma clases de pintura, sal a correr o cualquier cosa que te resulte de interés. Es probable que encuentres personas que tengan tus mismos intereses. Unirte a un grupo de juegos, a un grupo de estudio bíblico o a un grupo pequeño son otras maneras de hallar mujeres que estén en situaciones de la vida parecidas a las tuyas.

A veces los maridos se quejan del tiempo que pasamos con amigas en vez de pasarlo con ellos. En muchos casos, es solo una cuestión de celos. No hay una solución mágica para esto, pero te sugiero que lo converses con él y le expliques la necesidad que tienes de contar con una variedad de personas en tu vida. Luego, procura separar algún momento especial para estar con tu esposo también. Asegúrate de que él comprende que no se trata de un rechazo hacia él sino que solo tratas de ampliar tus propias experiencias. Si de todas maneras tu marido ejerce control sobre tu tiempo, o te impide que veas a la familia o a los amigos, su conducta puede ser abusiva. Si tu marido te trata de esta manera, por favor, procura ayuda por parte de un consejero calificado.

Cuidado de las relaciones con los amigos

- Únete a un grupo de estudio bíblico de mujeres.
- Asiste a una clase de educación para adultos.
- Hazte socia de un gimnasio.
- Asiste a un grupo de juegos si tienes niños pequeños.
- Únete a la Asociación de Padres y Maestros, si tus hijos están en edad escolar.
- Ofrécete como voluntaria en algún lugar que te sea inspirador (allí encontrarás personas con intereses similares).
- Comienza a realizar caminatas temprano por la mañana o luego de la cena. Te encontrarás con vecinos que hacen lo mismo que tú.
- Compra siempre en los mismos negocios. Conocerás a más personas e incluso puede que halles algún alma afín.
- Invita a cenar a la familia de los amigos de tus hijos. Tus hijos lo agradecerán y puede que tú también hagas amistades.

Cuidado personal

Ejercicio físico

La investigación ha demostrado que el ejercicio, una dieta saludable y dormir bien nos ayudan a reducir el estrés, nos dan más energía y nos ayudan a elevar el espíritu. Hace poco comencé a hacer gimnasia varias veces por semana y a alimentarme mejor, por lo que me siento con mayor energía. (¡Si hasta estoy escribiendo este libro!) Sin embargo, reconozco que hallar el momento para hacer gimnasia, en especial cuando tienes niños pequeños, es algo tremendamente difícil.

Si cuentas con una niñera confiable, ir a un gimnasio puede salvarte la vida. Te brindará la oportunidad de salir de casa tú sola y de encontrar nuevas amigas. Algunos gimnasios incluso ofrecen cuidado de niños. Muchas familias hacen gimnasia. Por ejemplo, en la Asociación Cristiana de Jóvenes ofrecen programas para toda la familia, a partir de los doce meses de edad, así que toda la familia puede realizar más actividad física.

No obstante, si te resulta imposible ir a un gimnasio, trata de caminar en vez de usar el automóvil. Aprovecha de andar en bicicleta, en patineta o de ir a esquiar con tus hijos, o de hacer cualquier actividad que te ponga en movimiento. Esta será una oportunidad perfecta para comunicarte con tus hijos sin las distracciones que imponen la televisión o el teléfono.

El momento para hacer ejercicio no debe considerarse como algo pesado sino que hay que tomarlo como un momento de juego. Algunas sugerencias:

Actividad física para madres con niños pequeños

- Juega a perseguir a los niños por el parque o por el subsuelo de tu casa; juega a la mancha común, a la mancha congelada o a las escondidas.
- Baila o salta siguiendo el ritmo de un casete, de videos de canciones movidas o incluso con videos de gimnasia aeróbica.
- Practica con la pelota de béisbol: lanza, batea, recibe.
- Haz una carrera de limpieza: fija el cronómetro en cinco minutos y observa cuánto puedes acomodar en ese tiempo.

- Representa las historias que lees. A mi familia le agrada *Donde viven los monstruos* de Maurice Sendak y *De la cabeza a los pies* de Eric Carle[3].
- Jueguen guerra de cosquillas o lucha libre.
- Únete a un grupo de gimnasia en la Asociación Cristiana de Jóvenes o en un club. Usarás ropa deportiva que de otra forma no te pones y te encontrarás con otras familias del vecindario.

Actividad física para madres con hijos mayores

- Corran hasta el negocio de la otra esquina y premia a tus hijos con una golosina saludable.
- Hagan competencias de saltar la soga.
- Jueguen al tejo o a la rayuela.
- Elijan un deporte como familia: patinar, esquiar, andar en bicicleta, baloncesto. Organicen fiestas deportivas con los vecinos.
- Salgan de día de campo y anden en canoa, hagan caminatas, escalen montañas o naden.
- Jueguen al *frisbee* en el parque.
- Deslícense en trineo.

A medida que hagas mayor actividad con tus hijos es probable que ellos también se diviertan más contigo.

Aunque tus hijos sean más grandes, si eres como la mayoría, también te costará hallar el tiempo para hacer una actividad física. No es algo que nos entusiasme demasiado. Recuerda que no hace falta mucho tiempo. Comenzar el día con una caminata a paso ligero o salir a correr bien temprano será beneficioso y te dará energías para enfrentar el día. Incluso puedes comprar aparatos de gimnasia usados, como una bicicleta fija o una cinta para caminar o correr, para comprobar si te acostumbras a usarlos. (No hagas un gasto importante hasta no asegurarte de que vayas a darle uso).

Sé realista en cuanto a tus posibilidades de tiempo y comienza poco a poco. De esa manera podrás disfrutar de tus logros en vez de reprocharte por no poder cumplir con tu objetivo.

Aprender

El aprendizaje abre tu mente a todas las oportunidades y posibilidades que te ha dado Dios. Si siempre estás aprendiendo algo nuevo, aunque sea una nueva técnica de jardinería o cómo hacer un acolchado, serás una persona interesante y motivada. Y serás un buen ejemplo para tus hijos de lo que es la capacitación continua. Cuando dejamos de aprender, dejamos de crecer. Por supuesto que todos deberíamos crecer espiritualmente y aprender acerca de la Palabra de Dios, pero creo que aprender más acerca del mundo que Dios nos dio forma parte también del crecimiento espiritual.

Quizá no te gustaba la escuela y por eso detestas la idea de aprender. No te preocupes; el aprendizaje no se da únicamente en la escuela. Aprender es enfrentar la vida con la curiosidad propia de un niño de dos años. No había nada que me gustara tanto como observar a mis hijas cuando tenían esa edad y perseguían ardillas o aves en el parque. Esa mirada llena de regocijo al descubrir una nueva criatura es algo digno de disfrutar. Muchos hemos perdido ese deleite, pero podemos recuperarlo.

En vez de mirar televisión, ponte a leer un libro que te interese. Si tienes quien te cuide los niños, puedes asistir a una clase nocturna para adultos. A continuación hay una lista de temas que se ofrecen en las facultades locales o están a tu disposición en libros que hay en la biblioteca. Puedes añadir lo que quieras según lo que te resulte de mayor interés.

Aprendizaje para adultos

- Manualidades como tejido, costura, macramé, papel maché, hacer acolchados, etc.
- Jardinería.
- Cocina.
- Cómo comprar o vender una casa.
- Mantenimiento del automóvil.
- Habilidades del consumidor (cómo aprovechar las ofertas).
- Relaciones (cómo expresarse uno mejor).
- Comprensión del abuso (una mirada al impacto del abuso en tu persona o en tus amigos).

- Un período preferido de la historia (las novelas históricas son sensacionales para esto).
- Decoración del hogar.
- Desarrollo del niño.
- Inversiones (creo que esto es muy importante; ampliaremos en el capítulo 9).
- Computación.
- Idiomas extranjeros.

Esparcimiento y descanso

Un estudio demostró que las madres en promedio pierden 750 horas de sueño en el primer año de vida de cada hijo. Si algo hay que sacrificar para poder hacerlo todo, es probable que escojas sacrificar tu descanso. Sin embargo todos necesitamos descanso porque así nos creó Dios. Jesús, que tenía tanta gente que lo necesitaba y tanto bien que podía hacer, se apartaba de las multitudes para dormir, para orar o solo para estar con sus discípulos.

Sin embargo, por la forma en que nos estructuramos la vida, muchas no tenemos tiempo para dormir, para socializar ni para esparcimiento. Si nos descuidamos, el bebé no recibirá su alimento, la casa no se limpiará o no tendremos qué darle a la familia para cenar. Aunque este estilo de vida parece ser sacrificial, no es bueno.

Necesitamos priorizar el descanso. Stephen Covey, autor de *The Seven Habits of Highly Effective People*, denomina a estos períodos de descanso renovador: «Importantes pero no urgentes»[4]. Es fácil dejarlos sin hacer ya que no se evidencia un efecto inmediato cuando no descansamos lo necesario. No obstante, el efecto a largo plazo puede ser grave. No podremos hacernos cargo ni siquiera de las mínimas tensiones. Seremos propensos al ataque espiritual y al error moral[5]. Estallamos frente a nuestro esposo y nuestros hijos. Comenzamos a disgustarnos con nosotras mismas. Necesitamos darnos permiso para descansar y relajarnos. Aquí se enumeran algunas ideas:

> ## Relajación
>
> - Toma un baño de espumas.
> - Hazte un corte de pelo o una limpieza de cutis.
> - Ve a hacerte las manos o los pies.
> - Maquíllate bien al menos una vez a la semana.
> - Duerme una siesta.
> - Lee un libro.
> - Ve a tomar un café a una confitería.
> - Sal a dar una caminata.
> - Escoge una actividad gratificante: tejer, punto cruz, crochet, restaurar muebles, construir una estantería.
> - Reacomoda los muebles o hazle una lavada de cara a tu dormitorio.

Registra tus nuevas prioridades

Ahora que elegiste seis cosas en las que deseas concentrarte, consigue un calendario o emplea el que se adjunta y programa en seis bloques: dos de «cuidado espiritual», dos de «cuidado de las relaciones» y dos de «cuidado personal». Luego procura cumplirlo. Recuerda que las tareas del hogar pasan a segundo plano de acuerdo con estas nuevas prioridades.

Uno de los beneficios colaterales de este programa es que nos da incentivo para trabajar más rápido. Mi esposo tuvo que estudiar diez años seguidos y, por supuesto, alrededor del sexto año había perdido las energías. Para poder continuar, necesitó premiarse. Cada vez que estudiaba cinco páginas de su libro de texto, podía leer algunas páginas de un libro que le gustara o jugar en la computadora durante diez minutos. Este incentivo lo hacía estudiar esas páginas con mayor rapidez. Si te preparas premios o incentivos, probablemente descubras que trabajas más rápido y más contenta.

Si programas tus nuevas prioridades, trabajas con mayor eficiencia y disminuyes tus expectativas, es probable que descubras que estás dedicando menos tiempo que antes a las tareas del hogar. Si estás aprendiendo cosas

Programa para la semana del:

	Domingo	Lunes	Martes	Miércoles	Jueves	Viernes	Sábado
7:00							
7:30							
8:00							
8:30							
9:00							
9:30							
10:00							
10:30							
11:00							
11:30							
12:00							
12:30							
1:00							
1:30							
2:00							
2:30							
3:00							
3:30							
4:00							
4:30							
5:00							
5:30							
6:00							
6:30							
7:00							
7:30							
8:00							
8:30							
9:00							
9:30							
10:00							
10:30							
11:00							

Versículo para memorizar esta semana

Cuidado espiritual
1.
2.

Cuidado de las relaciones
1.
2.

Cuidado personal
1.
2.

Colorea los horarios en que debes ocuparte de cuestiones relacionadas con tu empleo, con las lecciones de tus hijos, reuniones de la iglesia y otros. Luego, decide dónde te gustaría insertar las actividades prioritarias. Añade las tareas de la casa y las compras una vez que hayas programado las cosas verdaderamente importantes.

nuevas y te diviertes con tus hijos, las tareas de la casa ya no tendrán la misma importancia que antes. Y a medida que abras tu mente a otras posibilidades, tus actitudes van a cambiar a medida que el trabajo de la casa y ocuparse de las minucias de la vida reduzcan su importancia. Los miembros de la familia podrán identificarse mucho más contigo y, para ser sincera, te hallarán más divertida. Podrás experimentar más a Dios en tu vida al concentrarte en Él y abrirte más al mundo que Él ha creado.

No obstante, para muchas de nosotras el cambio no debiera detenerse aquí. Nuestros problemas no se tratan tan solo de lo que esperamos de nosotras mismas ni de cómo programamos nuestro tiempo. Se trata de cómo nos relacionamos con los miembros de nuestra familia. Y transformar la manera en que nos relacionamos con nuestra familia da más trabajo que cambiar nuestras actividades cotidianas. Cuando hay otras personas, cambiar una situación se vuelve mucho más difícil. De manera que antes de que intentes revisar tus relaciones familiares, analicemos los requisitos previos para un cambio relacional positivo.

Prueba rápida de la realidad

Elige dos cosas de «cuidado espiritual», de «cuidado relacional» y de «cuidado personal» que desees llevar adelante en esta semana. Anota cómo y cuándo vas a hacerlas.

Profundicemos

1. ¿Dedicas tiempo a permanecer «quieta» ante Dios? ¿Permites que Dios hable a tu vida? ¿Qué pasos puedes dar para pasar más tiempo con Dios que te ama?

2. ¿Qué piensas que es lo que más te falta en tu vida emocional? ¿Es la falta de amigos o la falta de tiempo para ti? ¿Es falta de tiempo con Dios? ¿Por qué las cosas han llegado a este punto? ¿Cómo puedes dar prioridad a esta necesidad?

3. ¿Te sientes cómoda ocupándote de tus necesidades o esto te parece egoísta? Lee Marcos 1:35-38. Cuando algunos buscaban a Jesús, Él de todos modos dispuso de tiempo para estar quieto. ¿Puedes tú permitirte hacer lo mismo?

Capítulo 5

Cambios drásticos en las relaciones

Julia tenía solo veintidós años cuando se divorció de su esposo. Él la había violado y golpeado en múltiples ocasiones durante su breve matrimonio. La conocí hace algunos años en un campamento cristiano de verano. Me encontré con una muchacha vivaz, talentosa y llena de vida a pesar de su dura prueba. Lo más hermoso de todo era que irradiaba paz y esperanza al batallar con su dolor. Sin embargo, de momento, la manera en que lo hacía me alarmó. Me contó que estudiaba la Biblia con una cristiana madura. Estaban concentradas en que Julia confesara su pecado y pidiera perdón. *¡Qué deplorable!*, pensé. *¡Esta mujer estaba culpando a Julia cuando ella era en realidad la víctima!*

Sin embargo, con el paso del tiempo comprendí el motivo del énfasis en los defectos de Julia. Ella procuraba dejar a un lado el papel de víctima para verse como responsable de sus actos. Como víctima, Julia no podía elegir nada. No obstante, al hacer que Julia rindiera cuentas a Dios, su consejera le mostraba que tenía libertad para tomar decisiones. Si podemos reconocer que tuvimos opciones en el pasado, podemos identificar con mayor facilidad nuestras opciones presentes. Y si tenemos opciones, contamos también con la posibilidad de cambiar nuestra situación.

Julia no llegó ni siquiera a decir que tenía 50% de culpa de los problemas en su matrimonio. Pero reconocer en qué se había equivocado hacía más sencillo dejar atrás lo de la principal culpa de su marido. Pudo dejar de enfocarse en él y enfocarse en su relación con Dios. Estaba consiguiendo libertad al quitarse las cargas.

Debemos quitarnos las cargas

A eso se refiere el escritor de Hebreos en el capítulo 12:

Por tanto, también nosotros, que estamos rodeados de una multitud tan grande de testigos, despojémonos del lastre que nos estorba, en especial del pecado que nos asedia, y corramos con perseverancia la carrera que tenemos por delante. Fijemos la mirada en Jesús, el iniciador y perfeccionador de nuestra fe, quien por el gozo que le esperaba, soportó la cruz, menospreciando la vergüenza que ella significaba, y ahora está sentado a la derecha del trono de Dios. (vv. 1-2)

Aunque nos pasemos el día llevando a nuestros hijos a la actividad de niños exploradores o cambiando pañales, seguimos corriendo la carrera cristiana. Y Dios nos dice que debemos despojarnos «del lastre que nos estorba, *en especial* del pecado que nos asedia». ¿Observas la diferencia? Puede haber cargas que nos estorban que no son en sí pecado.

Estas cargas vienen en diferentes formas. Podrían ser dificultades en el lugar de trabajo, situaciones escolares, temas económicos u otras cosas, pero todas minan nuestras energías y evitan que corramos a toda velocidad hacia Dios. Sin embargo las cargas que considero más dañinas para nosotras son los errores en la manera en que interpretamos nuestra vida. No vemos las cosas como Dios las ve. Las vemos a través de lentes distorsionados.

Una de las cosas más frustrantes para un policía al entrevistar a los diversos testigos de un delito son las discrepancias en lo que cada uno dice haber visto. Uno de los testigos asegura que el hombre que huía era de contextura mediana mientras otro dice que era alto. Otro jura que se subió a un automóvil azul marino mientras otro afirma que era negro. ¿Cuál es la historia verdadera?

Cuando observamos nuestra propia vida hacemos algo parecido. En vez de ver las cosas con claridad y objetividad, lo que vemos está influido por lo que nos pasó antes. Si recibimos una educación permisiva, podemos pensar que nada es culpa nuestra y que alguien siempre se ocupará de solucionar lo que anda mal. Si cuando éramos pequeños nos hizo algún daño la persona que nos cuidaba, puede que no confiemos en las personas y creamos que no merecemos que nos amen. Para muchas personas, quitarse estos lentes y ponerse «la mente de Cristo» (1 Corintios 2:16, LBLA) necesita ser más que nada un camino que nos permita sanar de nuestras heridas del pasado. Hay excelentes libros cristianos y consejeros que pueden ayudarte en este proceso. Sin embargo, no necesitas esperar una curación completa para poder adoptar la mente de Cristo.

Dios nos dice que ya tenemos «todo cuanto concierne a la vida y a la piedad, mediante el verdadero conocimiento» (2 Pedro 1:3, LBLA). ¿Cómo es posible si todavía nos duele? Porque conocemos a Cristo que vive en nosotros. La mejor arma contra los errores en tu proceso de pensamiento es la verdad. En el pasaje de Efesios 6 sobre la armadura espiritual, la verdad rodea tu cintura para sujetar todo en su lugar. Y la Palabra de Dios es la espada para luchar contra el enemigo. Conocer a Dios y estudiar más su Palabra te será de ayuda para ver tu vida a través de los ojos de Dios.

Cuando intentamos cambiar nuestra forma de relacionarnos con los que nos rodean, ver la vida a través de los ojos de Cristo es de vital importancia. El cambio puede ser una fuerza sanadora o destructiva. Observa la diferencia entre la resistencia pacífica de Martin Luther King en su petición por el respeto universal y los gritos militantes de Malcolm X. Si deseamos cambiar para generar un proceso beneficioso en nuestra familia, debemos mantener la perspectiva de Dios en las relaciones humanas. Hay cuatro principios bíblicos que son centrales en este esfuerzo: responsabilidad por nuestras decisiones, compromiso con nuestra familia, una actitud de siervo y el fortalecimiento de nosotros y de los demás. Esto nos ayuda a ver con claridad de manera que podamos hacer cambios positivos en vez de destructivos. Veamos cómo podemos usar estas verdades para reenfocar ya mismo nuestra manera de ver nuestra vida.

Responsabilidad por nuestras decisiones

Con demasiada frecuencia echamos la culpa de nuestra infelicidad a los demás. Gemimos: «Sería feliz si me dejara tener tiempo para mí» o «¿Por qué no me respetan? Todo lo hago por ellos y ni siquiera lo aprecian». Estas frases reflejan sentimientos reales que muchas tenemos, pero para conseguir paz debemos luchar contra ellos.

La única manera en que vamos a crecer es hacernos responsables de nuestra vida y dejar de mirar a nuestro alrededor para que todo el mundo arregle nuestros problemas. Pablo escribe que «cada uno de nosotros dará a Dios cuenta de sí mismo» (Romanos 14:12, LBLA). No tiene sentido que culpemos a todo el mundo de nuestros problemas si un día tendremos que estar solos frente a Dios y explicárselos a Él. Por eso Dios nos advierte que no debemos juzgar sino ser brutalmente sinceros al examinarnos. El principal problema de los fariseos no era que hacían muchas cosas «malas», sino que pensaban que eran maravillosos a los ojos de Dios en comparación con el resto de los mortales. Cuando nos concentramos en lo que hemos hecho y no en lo que nos han hecho, podemos comenzar a vernos como personas capaces y con opciones.

Permíteme dar otro ejemplo de lo que quiero decir. Cuando mi amiga Diane regresó a casa del hospital al otro día de haber dado a luz a su hija, su esposo Ted no movió un dedo para preparar la cena. De modo que, a pesar de lo dolorida que estaba, Diane se levantó e hizo de comer para ambos. Ella se ha ocupado de hacer todas las comidas desde entonces. Un día Ted estaba cansado y se sentó en el sofá cuando ella servía la comida en la mesa. Él no hizo ni un gesto de levantarse, así que ella suspiró y le acercó el plato al sofá donde él estaba. Ahora él se sienta allí todos los días y espera que le sirvan.

Diane se queja de que él se hace servir en todo y eso la molesta mucho (aunque lo sigue haciendo). Sin embargo, *él jamás le pidió que lo hiciera*. Queda claro que él deseaba que ella lo atendiera, así que la manipulaba emocionalmente para que lo hiciera. No obstante, Diane participó de su farsa. Cuando le pregunto por qué lo sigue haciendo me responde que para no sentirse culpable.

Es duro reconocer que somos parte activa de nuestra infelicidad. Quizá luchas porque en lo profundo de tu ser piensas que debes ser mejor o más obsequiosa que tu marido para que no te rechace y abandone. Pero en el proceso ayudas a crear una relación sumamente insatisfactoria para ambos. Para cambiar esto debes hacer un giro de 180° en la visión que tienes de ti misma.

David pasó por esta transformación cuando escribió el Salmo 40. Dios lo sacó «del lodo y del pantano» (v. 2), lo puso sobre una base firme y le dio una nueva canción, un cántico de alabanza a Dios. Luego, David comenzó a contarle a todo el mundo acerca de eso. ¿Qué fue lo que cambió en realidad? Si avanzas en la lectura del salmo, verás que David seguía rodeado de enemigos que buscaban matarlo. Seguía enfrentando las mismas luchas.

Algo había cambiado, pero no sus circunstancias sino su corazón. En vez de clamar: «¿Por qué a mí?» estaba diciendo con felicidad: «Me agrada, Dios mío, hacer tu voluntad» (v. 8). Semejante cambio parece imposible. Pero Dios le dio una nueva canción y una nueva perspectiva en la vida.

Analicemos nuestras opciones pasadas

¿Por qué pasamos tanto tiempo tratando de engañar a Dios sobre la realidad de nuestra vida cuando la Biblia nos dice bien claro que Dios nos conoce interiormente (véase Salmo 139)? No consultamos la cuenta bancaria porque tenemos miedo de ver cuánto hemos gastado sin cuidado. No interrogamos a nuestros hijos acerca de sus amigos porque tememos lo que podemos descubrir. Quizá no quieras examinar tu corazón ni descubrir tus verdaderos sentimientos. Temes que este proceso pueda poner en entredicho las cosas sobre las que edificaste tu vida.

Sin embargo, la complacencia no es válida en la vida cristiana. Pablo insta a los corintios y les dice: «Examínense para ver si están en la fe» (2 Corintios 13:5). Parte de ese examen incluye ver cómo las decisiones pasadas y presentes pueden estar evitando que hallemos verdadero gozo.

No obstante, muchos nos sentimos forzados a elegir cosas que sabemos que son malas para nosotros. Muchas de las que están leyendo este libro se casaron con hombres que en ocasiones son distantes y poco considerados. Algunos psicólogos creen que elegimos de manera inconsciente una pareja que reproduzca los sentimientos que experimentamos en nuestra infancia, en un intento por lidiar con esos sentimientos, arreglar las cosas y sentirnos mejor[1]. Lo llaman «compulsión por la repetición». Henry Cloud y John Townsend, autores de *Límites*, dicen que es parecido al principio bíblico de «el perro vuelve a su vómito». De manera que si experimentamos abandono cuando éramos niñas, nos casaremos con un adicto al trabajo. O si jamás experimentamos afecto o reafirmación, podemos llegar a casarnos con alguien con dificultades para la intimidad que vive sentado frente al televisor.

Creo que cuando la Biblia menciona los pecados de los padres que se llevan hasta la cuarta generación, es en parte una predicción de la destrucción que ocasiona una crianza inadecuada. Una niña con una infancia difícil, con frecuencia se casa con alguien junto al cual se siente triste y, de esa manera, repite el modelo con sus propios hijos. En este sentido, este «pasar» de una generación a la otra no es una maldición tradicional sino una ley natural del universo[2]. Si nuestra alma está dañada, seguiremos dañándonos nosotros mismos y a nuestros hijos debido a las malas decisiones que tomamos. Y aunque Dios ya no castiga el pecado en otras generaciones, seguimos teniendo que luchar con los efectos psicológicos de una mala crianza.

Analicemos nuestros temores

Los mismos temores que nos llevan a casarnos con un hombre que nos produce daño pueden también exacerbar nuestra dificultad para conseguir ayuda en la casa. Así como Diane sirve a Ted su comida porque no quiere sentirse culpable, también tú puedes estar haciendo más trabajo del necesario o distanciándote emocionalmente de tu esposo e hijos para evitar sentimientos de incomodidad. Observa el cuadro de más abajo y observa si puedes identificarte con alguno de estos temores:

Temor al conflicto	¿Te hierve la sangre porque los miembros de tu familia no te ayudan pero no has hablado con ellos porque temes su reacción?
Temor a la intimidad	¿Te mantienes ocupada con las cosas de la casa y esgrimes esto como una coraza protectora para no alimentar el aspecto emocional de tus relaciones?
Temor a perder el control	¿Necesitas saber todo lo que sucede todo el tiempo en tu casa porque si no sientes que pierdes el control?
Temor de asumir un papel autoritario	¿Esperas y esperas que tu esposo sea la cabeza del hogar y por eso no lo confrontas en sus puntos débiles ni tampoco disciplinas a tus hijos?
Temor a perder la identidad	¿Te preguntas con frecuencia quién serías si no fueras esposa y madre? ¿Te cuesta verte principalmente como una hija de Dios? ¿Te defines a ti misma por las cosas que haces?

El reconocimiento de los pesos emocionales y presentarlos ante Dios te libera para que puedas asumir la responsabilidad para un cambio preventivo en tu vida. Dedica unos momentos a orar por algunos de los interrogantes mencionados. Si sientes que alguno te habla en forma particular, busca un consejero con quien hablar de ello o consigue algunos libros sobre cómo sanar el dolor emocional. Sin embargo, sobre todas las cosas, aprende a reconocer la verdad y comenzarás a incorporarla en tus decisiones diarias. Entonces podrás comenzar a resolver estas cuestiones problemáticas de ocuparte de las tensiones y podrás empezar a tomar decisiones con libertad.

Consagración a nuestra familia

La consagración a tu esposo es esencial para cualquier crecimiento positivo en sus relaciones. Mientras no puedas afirmar: «Me mantengo firme en mi matrimonio en las buenas y en las malas», en cierta medida estarás siempre poniendo a prueba a tu marido. «¿Cubre mis expectativas? ¡Esto es el colmo! ¿Cuántas cosas más voy a tener que soportar?» Él puede darse cuenta, volverse resentido y ponerse a la defensiva.

Antes de hablar sobre esa consagración, veamos lo que esta palabra en verdad significa. En primer lugar, quiero dejar en claro que me refiero exclusivamente a consagrarnos a un matrimonio que no es abusivo. Si tu marido te lastima a ti o a tus hijos, es innecesario e incluso sabio que no permanezcan en la misma casa. Entonces, dejando de lado los casos de abuso, la consagración es la decisión de permanecer aun cuando él jamás cambie. Lo aceptas como él es y entiendes que es un adulto que puede tomar sus propias decisiones, te gusten o no. Esto no significa que las apruebes. Te limitas solo a reconocer que en última instancia él es responsable ante Dios y no ante ti.

Consagración significa también renunciar a demandas de reciprocidad. En los matrimonios donde somos las mujeres las que parecemos darlo todo, con frecuencia guardamos amargura hacia nuestro esposo por errores del pasado (errores que son muy reales y muy penosos) y, de cierta manera, esperamos que ellos reparen ese error. Sin embargo, como lo afirma la experta en matrimonios Cynthia Smith, «los matrimonios solo funcionan cuando ambas partes desisten de llevar la cuenta del desempeño del otro»[3].

En 1 Corintios 13, Pablo escribe que estos registros son en realidad la antítesis del amor.

> El amor es paciente, es bondadoso; el amor no tiene envidia; el amor no es jactancioso, no es arrogante; no se porta indecorosamente; no busca lo suyo, no se irrita, *no toma en cuenta el mal recibido*; no se regocija de la injusticia, sino que se alegra con la verdad; todo lo sufre, todo lo cree, todo lo espera, todo lo soporta. El amor nunca deja de ser (1 Corintios 13:4-8, LBLA, énfasis añadido).

Aunque no siempre sientas amor puedes actuar con amor. El cantante de música country Clint Black expresa esto al entonar una canción que compuso para su esposa: el amor no es algo que él sienta sino algo que él hace. Es muy frecuente que en el mismo acto de amor el sentimiento regrese. Susan Page descubrió que aunque uno no puede cambiar sus sentimientos, «se puede actuar en la presencia de ambivalencia»[4]. Cuando decides concentrarte en tus propias conductas en vez de en las de él, dejarán de perturbarte las cosas que hace él. Comenzarás a notar más las cosas buenas de tu esposo, y el sentimiento de amor regresará y crecerá aun más.

Por último, si nuestra consagración es endeble, eso puede arruinar cualquier oportunidad de que tu matrimonio crezca porque se torna sumamente difícil conversar sobre los problemas reales. Cada vez que lo hacen, sus relaciones corren un riesgo y están en juego. Resulta difícil resolver asuntos de larga data si te atemoriza siquiera sacar el tema con tu marido.

Barreras para la consagración

Todo esto puede sonar lógico, pero en el aspecto emocional puede llegar a ser bastante difícil. Algunas podemos estar locamente enamoradas de nuestro esposo o, al menos, muy conformes con nuestro matrimonio. Sin embargo, muchas no, aunque no lo adivinarías si observas a la familia. Por fuera las cosas parecen fantásticas, pero por dentro nos sentimos acosadas por la duda de si este matrimonio se desenvuelve como debería. Quizá tienes la sensación de que de alguna manera te obligaron, las personas o las circunstancias, a casarte y a ser madre. Retomemos la historia de Diane por un momento. Diane tenía diecinueve años cuando quedó embarazada.

La presionaron para que abortara, pero no quiso hacerlo. Tres meses más tarde, conoció a Ted, de treinta años y con un empleo estable y bien pago, aunque llevaba una vida que más parecía la de un adolescente. Ted pescó a Diane y disfrutó de las atenciones que ella le dispensaba. Él reconoció al bebé como propio y se casaron.

Resulta sencillo darse cuenta de que Diane no tenía mayores opciones en cuanto a casarse con Ted. No tenía dinero ni apoyo de su familia para criar a su hijo, tampoco tenía preparación ni un hogar. Sin Ted tenía que depender de la asistencia social y tendría escasas posibilidades de quebrar el círculo. Algunas de ustedes quizá pasaron por situaciones parecidas. Cuando una queda embarazada antes de casarse, recurre al matrimonio como la única posibilidad de supervivencia. Esta barrera para la consagración total puede tener un importante efecto perjudicial en tu matrimonio. Una investigación a gran escala determinó que las parejas que concibieron un bebé antes de casarse tienen dos veces más probabilidades de divorciarse que las que no[5].

Para otras, puede que las circunstancias no sean tan claras. No obstante, te preocupa el haberte casado fuera de la voluntad de Dios. Eran demasiado jóvenes o emocionalmente inseguros. Quizá actuaban según la «compulsión por la repetición», pero abriste los ojos y te diste cuenta de que jamás te casarías con esta persona de nuevo de haber sabido lo que sabes ahora.

El problema de irse

No hay dudas de que estás en agonía. El matrimonio debería ser la relación más satisfactoria, pero a ti te causa dolor. Algunas pueden elegir irse, abandonarlo todo, pero permíteme que antes te presente tres pensamientos.

A menos que te hayas ocupado de tu parte de responsabilidad en tu pasado y hayas tomado medidas para cambiar, no conoces en realidad en qué pueden convertirse esas relaciones. No hay manera de que tu matrimonio permanezca igual si cambias. Pero con demasiada frecuencia sucede que luego de años de no reconocer tu infelicidad, se rompe la represa y comienzas a sentir todo el resentimiento y el odio que has acumulado. Tu primer impulso es a abandonarlo todo. Has mantenido esto durante tanto tiempo y nada ha cambiado. Él nunca cambiará. ¿Por qué permanecer?

Porque tú todavía no has cambiado. Tal vez ahora manifiestes tu enojo y estés expresando más; pero mientras no comiences a ocuparte de las cuestiones de fondo que hicieron que tu matrimonio llegara a esto, ¡no sabes lo que puede ocurrir!

Y, si te marchas en este momento, las estadísticas indican que repetirás el mismo error. Esa es la razón por la que la tasa de divorcio en segundos y terceros matrimonios es tan alta. Las personas naturalmente son propensas a elegir mal. Para prevenir esto, en primer lugar necesitas ocuparte de los problemas que te llevaron a estar así. ¡Cuánto mejor es hacerlo mientras estás dentro de tu matrimonio, cuando todavía tiene posibilidades de salvarse!

Por último, la gracia de Dios es asombrosa si la aceptamos. Él ama el matrimonio y aborrece el divorcio. Él te bendecirá si permaneces. Incluso las investigaciones lo demuestran. Un estudio a largo plazo de las parejas que se consideraban infelices detectó que con frecuencia esos sentimientos duraban poco[6]. Cinco años después de haber respondido que eran infelices en su matrimonio, dos tercios respondieron que ya eran felices. Y los que permanecieron casados eran más felices que los que se divorciaron e incluso más que los que se habían divorciado y vuelto a casar. Los problemas desaparecieron o pudieron resolverse porque la pareja decidió permanecer unida en matrimonio.

Compromiso con nuestros hijos

No obstante, para algunas de nosotras los problemas de consagración no se concentran alrededor de nuestros esposos sino alrededor de nuestros hijos. Quizá tus hijos llegaron demasiado temprano, demasiado tarde o de manera inesperada y desbarataron tus posibilidades en tu profesión, tu carrera u otros planes que tenías. Entonces, el trabajo asociado a estos hijos, un trabajo duro por cierto, es un recordatorio constante de que las cosas no *debían* ser así.

Aunque estas circunstancias parecen estar fuera de control, es importante reconocer nuestras decisiones, confesar ante Dios cualquier pecado que pudiera haber y seguir adelante. Estas cosas no pueden cambiarse ahora y no hay amargura ni resentimiento que pueda revertir la situación. Tu esposo y tus hijos son las personas que Dios te ha dado especialmente a ti para que te ocupes de ellos. Siéntete honrada y regocíjate en ello.

Una actitud de servicio

El problema de la independencia

Como cristianos, somos llamados a imitar a Cristo en su condición de siervo. Sin embargo, algunas mujeres se sienten amenazadas por la posibilidad de someter sus necesidades a las de los demás. Esto es cierto en particular en el caso de las mujeres que fueron víctimas de abusos cuando niñas. Todos conocemos a mujeres con esta característica: luego de años de que las pisoteen, por fin alzan su voz ¡y nadie va a hacerlas callar ahora!

Esa independencia inquebrantable es muy valorada en el mundo. Estas personas saben quiénes son, tienen la vida hecha y no permiten que nadie las pisotee. Son los adictos al trabajo, los controladores y las personas agresivamente triunfadoras que a veces tratamos de emular. Sin embargo, puedo casi garantizar que esa mujeres no se sienten satisfechas y es probable que ni siquiera sean felices. Nos guste o no, necesitamos a los demás. La búsqueda de la libertad puede ser una prisión personal. Dios nos dice que, paradójicamente, la libertad se halla en el sometimiento y el servicio. Debemos aprender a servir voluntariamente si queremos recibir más de la bendición de Dios en nuestra vida.

El problema de la sumisión ciega

En lo personal, creo que el principal problema para las mujeres no es la independencia sino el servicio inapropiado. Las mujeres han sido tradicionalmente las siervas del mundo, al ocuparse de su marido, de sus hijos y de sus parientes añosos. El servir se ha convertido en algo casi instintivo. Esto no significa que lo hagamos instintivamente bien. Según lo afirma Mary Stewart van Leeuwen en su libro *Gender and Grace*, una de las consecuencias de la caída es que las mujeres con frecuencia luchan por mantener sus relaciones, aunque eso signifique que se olviden de sí mismas[7]. Esta clase de siervo no es lo mismo que el siervo que encarna Jesucristo.

Cuando Jesús, nuestro ejemplo de verdadero siervo, lavó los pies de los discípulos, Pedro intentó detenerlo. Pensó que era absurdo. Jesús no era el sirviente inferior sino su maestro, el que enseñaba a los discípulos y estos lo respetaban y lo amaban. El servicio de Jesús era completamente inesperado. Eso es lo que hizo que fuera singular.

El servicio requiere respeto mutuo

Por supuesto, no somos Jesús y nuestro servicio jamás será tan singular. No obstante, hay una diferencia marcada entre el servicio como el de Cristo y el tradicional papel servil de las mujeres. Es difícil servir de la manera adecuada como Cristo lo hizo si se te considera inferior a quienes estás sirviendo. Una señal de que un restaurante es de primera clase es que el mozo vuelve a llenar tu vaso antes de que notes que se estaba vaciando y lo hace de una manera en que ni siquiera lo notas. Eso es servilismo. El servilismo no exhorta a la gente ni la ayuda a comprender el carácter de Dios porque el sirviente hace solo lo que se espera de él.

Con demasiada frecuencia las mujeres adoptan este papel servil, porque sienten que al sacrificar su vida manteniendo un hogar agradable, pueden demostrar amor hacia su familia. Tal vez esta sea la raíz que ocasiona tu infelicidad, porque con demasiada frecuencia el tiro sale por la culata y uno pierde la relación que intentaba proteger.

Hace poco vi una película que se llama *The War at Home* [Guerra en casa] sobre un veterano de Vietnam que regresa a su familia tradicional de clase media. Kathy Bates, que hace de madre, se lamenta durante toda la película: «¿Por qué todos me odian tanto?». Sus hijos y su marido parece que jamás hicieran lo que ella quiere que hagan, y en cambio la encuentran patética y lamentable. Aunque ella ha dedicado su vida a que siempre hubiera panecillos recién horneados en la mesa a la hora del desayuno y que en cada festejo se tocaran los himnos que correspondían, ellos la tratan con no mucho respeto. Ella no lo inspira y es muy difícil amar a alguien a quien no respetas.

Una vez conocí a una triste mujer llamada Fátima que me demostró que incluso a los niños pequeños se les puede enseñar a ser irrespetuosos con sus padres. Ella asistía a un grupo de juegos junto conmigo cuando mis hijas eran pequeñas, y en cuanto ella traspasaba la puerta, corríamos a ponernos a resguardo. Era muy raro que ella disciplinara a su hijo Omar de tres años, de manera que este provocaba sin cesar y de manera despiadada a los otros niños e incluso provocaba berrinches y pataletas en algunos (en especial en mi precoz hija). La reacción de Fátima era rogar: «Omar, por favor, no». Cuando él la ignoraba, ella suspiraba y se marchaba. Cierto día, mientras volvíamos caminando a casa, esta madre se quejaba de que él nunca la escuchaba. Dijo que deseaba poder ser más firme, pero que también quería que Omar la amara. Mientras conversábamos, Omar caminaba peligrosamente al borde de la acera. Cuando salió como una flecha, Fátima gritó: «Omar, ¡no!».Sin embargo fui yo la que lo tomó de un brazo y lo trajo de regreso. «¿Ves? No sé qué hacer. No me escucha...», suspiró la madre.

Los niños que no te respetan a los tres años, tampoco lo harán cuando tengan quince. Ellos pueden sentirse avergonzados de ti o sentirse superiores a ti. No acudirán a ti en busca de un consejo ni tampoco te escucharán porque jamás les demostraste estar segura de tus propias convicciones. Maxine Hancock dice que debemos pensar que somos los líderes siervos de nuestro hogar. Creo que al agregar la palabra líderes, ella quiere significar que al mismo tiempo que servimos debemos también exigir respeto[8].

El servicio exige responsabilidad mutua

El servicio solo tiene significado si la persona que recibe el servicio comprende lo que se está haciendo. La vida de María Antonieta es un ejemplo perfecto de los problemas que pueden surgir del servicio inapropiado. Ella era tan consentida que ignoraba por completo las realidades de la vida. Cuando le dijeron que los campesinos no tenían pan, ella respondió: «Permítanles comer torta». Su actitud ignorante e indiferente al final le costó la cabeza.

El servilismo le da poder sin responsabilidades al que está recibiendo el servicio. Los niños que tienen una criada que cuelga la ropa que dejan tirada y recoge sus juguetes ni siquiera sabrán que han desordenado. Ni siquiera se dan cuenta que sus acciones son irrespetuosas porque jamás han tenido que afrontar las consecuencias de su conducta. En contraste, el siervo nos pide cuenta de esos males, aunque demuestra también gracia y misericordia.

Si consentimos a nuestros hijos, no se sentirán responsables de sus líos, de sus acciones, y lo que es peor, no se sienten responsables de sus propios errores. Pueden crecer y hacerse adultos creyendo que ellos se merecen una buena vida sin esfuerzo, o pueden involucrarse en actividades arriesgadas o peligrosas sin pensar en las consecuencias. Si nosotras hacemos lo mismo por nuestro esposo, las posibilidades de tener una relación marital caracterizada por el respeto y la admiración mutua estará severamente limitada.

La verdad es que si ni tu esposo ni tus hijos te respetan, será muy difícil que estés imitando el modelo de Cristo frente a ellos. Y tratar de ser como Jesús ante tu familia es de vital importancia. Si les muestras a tus hijos que siempre vas a rescatarlos, les enseñas que no son responsables de su propia vida. Si ellos creen que no tienen responsabilidad en la vida, jamás comprenderán su necesidad de salvación.

Cuando le damos algo gratis a alguien, sin exigir ningún esfuerzo de su parte, jamás tendrán que hacerse cargo de las consecuencias de sus propias acciones. Siempre salimos al encuentro y los rescatamos. Es como si colocáramos un obstáculo entre «tú cosechas» y «tú siembras»[9]. El hecho es que no poseemos nada por la sola razón de estar vivos: no somos dueños de nuestra vida, ni de la comida, ni de nuestra casa, ni de nuestra felicidad y ni siquiera de nuestra salvación. Todas estas cosas son regalos, y a menos que tus hijos comprendan esto, jamás tendrán la perspectiva necesaria para el verdadero arrepentimiento.

¿Eres un verdadero siervo?

A estas alturas estarás pensando que servir tiene muchas más repercusiones de las que soñabas. Siempre serviste a tu familia, pero ¿por qué tus esfuerzos por servirlos resultaron tan mal? Y ¿cómo puedes establecer la diferencia entre las acciones que se hicieron por servilismo y las que fueron hechas con el corazón de un verdadero siervo?

Con frecuencia la respuesta no está en lo que haces sino en *por qué* lo haces. Muchos de los que son serviles lo hacen para conseguir amor y gratitud a cambio. Para ellos, servir es un acto de egoísmo, aunque parezca un acto desinteresado. Estas mujeres preparan comidas maravillosas, limpian su casa con esmero hasta el mínimo detalle y hacen todo el trabajo doméstico a su alcance para asegurarse de que su esposo y sus hijos las quieran. Sin embargo, la limpieza nunca es lo mismo que el amor. Y si hacemos por las personas cosas que ellas debieran hacer por sí mismas, no nos van a respetar.

El propósito del verdadero servicio es imitar la profundidad del amor de Cristo. No es un amor que excusa o justifica sino que perdona; arroja su luz sobre todo, sin embargo no lleva un registro de errores. Una mujer que sirve de esta manera no intenta obtener amor sino que intenta darlo. Hace lo mejor para el crecimiento de su familia, aunque a los miembros de la familia no les guste. Los miembros de la familia ven que la madre no se deja pisotear, pero los ama. Se dan cuenta de por qué hace lo que hace y la respetan por eso. No se enredan en el bagaje emocional de ella sino que son libres para explorar en el suyo y tomar sus propias decisiones.

A veces las mujeres no saben qué hacer. Saben que necesitan fomentar la responsabilidad y no intentan ganarse el amor, pero todavía no las respetan. No saben cómo organizar su familia para poder ganarse el respeto. Esto no es extraño, ya que en todas partes del mundo las mujeres han estado tradicionalmente en un estrato social inferior al de los hombres. Cuando hice un breve viaje misionero a Túnez en el norte de África, me entristeció ver la forma en que trataban a las mujeres. En el transporte público observé una y otra vez que débiles abuelas cedían el asiento a sus saludables nietos varones, o vi mujeres y niñas apretujadas en el asiento trasero de los automóviles mientras los hombres y los muchachos iban muy cómodos en los asientos delanteros.

Estas situaciones nos parecen sumamente extrañas porque tanto en Europa como en América las mujeres han conseguido enormes avances en ese sentido. No obstante, para algunas todavía es difícil conseguir un trato igualitario. Si el servilismo es el único modelo que una conoce, puede ser difícil desarrollar un nuevo modelo.

A veces el cambio de actitud entre el servilismo y el liderazgo servicial se puede conseguir *haciendo*, aunque no se *sienta*. En los capítulos siguientes, observaremos maneras específicas de fomentar el respeto y la responsabilidad en nuestra familia. Pero antes, debemos fijarnos en el último cambio de actitud, el que produce un impacto en el centro de nuestro ser: el reconocimiento de nuestra familia y de nosotras mismas.

Reconocimiento de nosotras y de los demás

Reconocimiento de los demás

Desde el día en que supe que estaba embarazada de mi primer hijo, no pasó un solo día sin que orara porque creciera amando a Dios y sirviéndole, y que tomara decisiones que lo honraran a Él. Conducir a mis hijos a desarrollar una relación estrecha con Dios es mi primera meta como madre.

Una parte integral de conseguir una actitud cristiana de servicio y compromiso hacia nuestra familia es reconocer quiénes son ante Dios, sin tener en cuenta cómo se refleja esto en ti ni cómo te sientas respecto de esto. Es reconocer siempre que la persona, sea tu esposo o tu hijo, fue creada a la imagen de Dios, aunque tenga hábitos físicos, emocionales o intelectuales que te ¡sacan de quicio! Más allá de nuestras debilidades, Dios nos ama tanto que dice que nos sostiene en las palmas de sus manos (Isaías 49:16).

Cuando la ecografía fetal detectó un defecto en el corazón de mi hijo y otros análisis determinaron que padecía síndrome de Down, algunos médicos y amigos e incluso algunos miembros de la familia nos aconsejaron que abortáramos. No lo hicimos. Durante los veintinueve días que nuestro hijo pasó en este mundo, nos enseñó más sobre la vida y sobre Dios que cualquier otro ser humano. Dios nos dio ese hijo con limitaciones físicas y lo amamos a pesar de todo.

A la mayoría de ustedes no se les pedirá que amen de ese modo. Por lo general no rechazamos a los miembros de la familia por enfermedad sino porque no están a la altura de nuestras expectativas. Con frecuencia esperamos que sean como nosotros y cuando no es así, aparece el choque o el conflicto.

Robin Norwood, autor de *Women Who Love Too Much*, emplea el ejemplo de «La bella y la bestia» para mostrar los beneficios de la verdadera reafirmación. Ella dice que la mayoría de las personas creen que el cuento es así: Una hermosa muchacha se encuentra con una bestia. Lo ama y, por ese amor, logra transformarlo. No obstante, Norwood señala que Bella no le pide a la bestia que cambie. Ella lo ama por lo que él es sin esperar nada más. «Debido a su actitud de aceptación, él queda libre para convertirse en un ser mejor». Y añade:

La verdadera aceptación de alguien tal como es, sin tratar de cambiarlo por medio del estímulo, la manipulación o la coerción, es un alto nivel de amor, y es a la vez muy difícil de poner en práctica. En la base de todos nuestros esfuerzos por cambiar a una persona hay motivaciones egoístas, la creencia de que con esa transformación seremos felices. No hay nada de malo con desear ser feliz, pero colocar la fuente de esa felicidad fuera de nosotros mismos, en las manos de otra persona, significa que evitamos nuestra capacidad y nuestra responsabilidad de cambiar nuestra vida para mejor[10].

Reconocer es amar a esa persona tal como Dios te la ha dado. Imagina que la clonación avanza y las generaciones futuras pueden determinar las personalidades y talentos de sus hijos. Si todos crearan superniños, ¿no sería muy aburrido el mundo? Dios creó variedad porque le encanta y hace que eso sea parte intrínseca de la condición humana. Alabemos a Dios porque Él se fija en el corazón y ama a todos. Al final de uno de los videos de *VeggieTales* (algo que te recomiendo si tienes hijos de menos de ocho años), Bob el tomate dice: «Recuerda, Dios te hizo especial, y te ama mucho». Una excelente enseñanza para todos nosotros.

Reconocimiento propio

Creer que tus hijos y tu esposo son especiales puede ser mucho más sencillo que creer que *tú* eres especial. Para una unidad familiar saludable y para la paz interior personal es vital que nuestro reconocimiento se dirija también hacia nosotras. Algunas mujeres sienten que merecen poco, se reprochan por su ineptitud y parecen perpetuar esto en su matrimonio. La clave para arrojar este peso es verte como Dios te ve: preciosa e irreemplazable, templo del Espíritu Santo.

Otras mujeres pueden estar abatidas porque se sienten identificadas con el sufrimiento. Están orgullosas de su desdicha ya que les brinda una manera de sentirse superiores a los demás y que los demás estén en deuda con ella. Sin embargo, no es una deuda que ellas deseen que se cancele. Aunque se sienten en verdad desdichadas, les cuesta muchísimo cambiar porque sufrir por los demás es el único camino que conocen para relacionarse con los demás.

Rob, de treinta y tantos años, tiene una familia maravillosa. Su esposa tuvo una infancia difícil, pero Rob la ayudó con paciencia y amor a superar muchos de sus problemas. Sin embargo, él reacciona con enojo y frustración cuando ella se siente infeliz y él no puede ayudarla. Él siempre cree que debe hacer algo, aun cuando ella sienta que necesita estar triste un rato.

Rob atribuye mucha de su frustración a la manera de interactuar él con su madre. Aunque esta se dedicó por completo a su familia, siempre dejó bien en claro cuánto se había sacrificado por ellos. Cada vez que él o sus hermanas querían salir, ella les decía: «Vayan y diviértanse. Yo me quedaré aquí sola, como siempre. De todos modos, tengo mucho que hacer».

Si alguien intentaba ayudarla, le decía: «Siempre lo hice sola, no sé por qué me ayudas ahora». Rob se sentía culpable del sufrimiento de su madre. Ahora siente que debe ocuparse de resolver los problemas de Susan, aunque esta quiere solucionarlos por sí sola.

La madre de Rob era desdichada. Hacía demasiado trabajo en la casa; recibía escasa ayuda; eso le molestaba. A una mujer que siempre se hace la mártir ante su familia le resulta difícil cambiar. Se aferra a su desdicha como a un salvavidas.

Es lamentable que algunos grupos cristianos atraigan a quienes se hacen las mártires y los alientan a continuar así. En tales iglesias, las canciones de alabanza se entonan con la cabeza gacha y la cara triste; y los encuentros sociales se hacen más por obligación que por diversión. Es más, puede convertirse en una competencia para a ver quién se humilla más.

Cuando tenía dieciséis años participé en un programa de misiones de verano especial para adolescentes. Aquel verano, nuestro lema era: «El camino hacia arriba es hacia abajo». La mayoría de los estudios bíblicos se concentraban en cuánto bendecía Dios a los que están en circunstancias difíciles. El proyecto de nuestro equipo era construir un jardín de infantes en una gran ciudad del tercer mundo. Cuando llegó la camioneta con la gravilla que teníamos que mezclar con el cemento, el líder le dijo que la descargara en la pila de arena que estaba acumulada cerca de la puerta. El empleado le dijo que podía descargarla a un costado, sobre el asfalto, donde sería más sencillo usarla; pero el líder dijo que los miembros del equipo podrían separar las piedras una a una, para aprender a tener paciencia y disciplina.

Si bien coincido en que la paciencia y la disciplina son virtudes cristianas importantes, no creo que para desarrollarlas haya que crearnos sufrimiento. Con mucha frecuencia, sentimos más profundamente la gracia de Dios cuando estamos sufriendo, como nos sucedió a mi esposo y a mí durante la enfermedad de nuestro hijo y luego de su muerte. No obstante, generar esas circunstancias es negar las bendiciones que Dios quiere darnos. Muchas veces nos cuesta recibir de los demás porque nos preocupa quedar en deuda. Sin embargo, el resultado es que no nos permitimos experimentar el amor, ni les damos a quienes más amamos la oportunidad de expresarlo.

¿Cómo te sentirías si tu pequeño hijo llegara y te dijera: «No me importa cuánto me haga sonreír o reír, quiero que nunca más me abraces ni me hagas cosquillas». O si tu hija adolescente te dice que no quiere que te pongas a conversar con ella cuando esté deprimida? En cualquiera de los casos, sentirás que se te parte el corazón. Creo que eso mismo estamos haciendo cuando tratamos de crear nuestro propio sufrimiento. Por supuesto que hay bendiciones espirituales que se encuentran en el ayuno temporal, pero lo que lo convierte en efectivo es que se hace por un tiempo limitado. Si vives una vida en la que siempre estás de ayuno emocional, Pablo advierte que estás descuidando gran parte del evangelio. Colosenses 2:18 dice: «No dejen que les prive de esta realidad ninguno de esos que se ufanan en fingir humildad». Se refiere a las personas que crean reglas para las cosas pero pasan por alto las bendiciones que vienen de estar conectados con Cristo. Finaliza diciendo que permitamos que Cristo, no nuestras reglas y normas, sea quien guíe nuestra vida.

A muchas de nosotras nos atrae la versión «sufriente» del cristianismo. Interiorizamos este mensaje cristiano parcial de que Dios está cerca de los que sufren, y nos regodeamos en eso porque encaja perfectamente con nuestra percepción de lo que merecemos. Por otro lado, reconocimiento significa reconocer que Dios no exige que sufras en cada aspecto de tu vida. Recuerda, Dios es un padre amoroso que ansía dar cosas buenas a sus hijos (Lucas 11:13).

Preparémonos para el cambio

¿Cuál es la clase de vida que deseas? Una de mis historias preferidas de la Biblia es una historia poco conocida que se halla en medio de las diez plagas. Egipto está lleno de ranas y el faraón sabe que Dios puede eliminarlas. Entonces le ruega a Moisés que le pida a Dios que se deshaga de ellas. Moisés le pregunta: «Dime cuándo quieres que ruegue al Señor» y el faraón, como lo hacemos muchos de nosotros, responde: «Mañana» (Éxodo 8:10). No ahora sino más tarde. Él prefiere pasar una noche más con lo conocido, luchando con el sufrimiento que le es propio, antes de permitir que Dios obre. Él prefiere pasar una noche más con las ranas.

Tienes que tener valor para permitir que Dios transforme tu vida, para ser receptiva de su gracia. Necesitamos enchufarnos en ese cuerpo al que Pablo se refiere en Colosenses 2. Necesitamos rodearnos de otros cristianos que nos alienten. Si vamos a lograr grandes cambios en nuestra vida, necesitamos un sistema de apoyo. No tenemos que hacer las cosas en soledad sino que debemos crecer en comunidad. Por eso Dios nos dice en Hebreos 10 que no dejemos de congregarnos. Entonces, involúcrate en una buena iglesia, en un estudio bíblico de mujeres, en un grupo de apoyo o encuentra amigos con quienes reunirte. Los necesitarás.

Prueba rápida de la realidad

Dirígete a Dios en oración. Como lo hizo David, pídele lo siguiente: «Examíname, oh Dios, y sondea mi corazón; ponme a prueba y sondea mis pensamientos. Fíjate si voy por mal camino, y guíame por el camino eterno» (Salmo 139:23-24). Pídele que te revele dónde necesitas perdón, libertad de la amargura, del odio o de la vergüenza.

Profundicemos

1. Lucas 9:62 dice: «Nadie que mire atrás después de poner la mano en el arado es apto para el reino de Dios». ¿Hay cosas en tu pasado que te están llamando o pesares que te siguen rondando? Ora que puedas entregar estas cosas a Dios y concentrarte en los planes que tiene para ti ahora (Jeremías 29:11).
2. Lee con actitud de oración lo que dice Romanos 12:9-21. Fíjate cómo Dios quiere que actuemos unos con otros. Pregúntale a Dios en qué necesitas concentrarte para mejorar y ora que te ayude a lograrlo.

Capítulo 6

La familia que limpia junta

Estás trabajando con una agenda. Estás limpiando rápido al ritmo de la música. Estás dedicando tiempo a lo que es en verdad importante. Todavía existe un problema: ¡no te alcanzan las horas del día! Sigues abrumada por la cantidad de cosas que restan hacer, y ahora que estás expandiendo tus horizontes, deseas contar con más tiempo todavía para estas cosas importantes. Ha llegado la hora de solicitar ayuda.

Si lo haces y recuerdas al mismo tiempo los principios del cambio positivo (responsabilidad, consagración, servicio y reafirmación) es probable que tengas éxito en hacer que la vida de tu familia sea mejor. Sé que esto suena inalcanzable. ¿Cómo puede ser que solicitar ayuda pueda mejorar a tu familia? Lo más probable es que rezonguen y protesten, o sencillamente se nieguen a hacerlo. Sin embargo, si lo pides de la manera correcta, sin que sea un castigo, es probable que consigas un matrimonio más sólido e hijos más maduros.

Las investigaciones demuestran que las familias que limpian juntas son más fuertes. Si Dios hubiera declarado que la manera correcta de organizar a la familia era hacer que la mujer hiciera todas las tareas de la casa además del cuidado de los hijos, sea que trabaje o no fuera de la casa, deberíamos esperar que las familias tuvieran una estricta división entre el trabajo de la mujer y el trabajo del hombre para ser las más saludables. Sin embargo, las investigaciones demuestran lo contrario.

Veamos primero el efecto sobre los hijos. En principio, a los niños les va mejor cuando ven al padre limpiando el sanitario. Incluso manifiestan avances destacados en todas las evaluaciones psicológicas cuando los padres pasan tiempo con ellos. En un estudio de 1995, el sociólogo Scott Coltrane descubrió que los «niños cuyos padres no comparten las responsabilidades sobre las cuestiones cotidianas relacionadas con su desarrollo presentan capacidades intelectuales, cognitivas, sociales y emocionales inferiores a la de los niños cuyos padres comparten la tarea con la madre»[1].

Si analizamos el resultado en las mujeres, tenemos que son emocionalmente más fuertes en las familias donde se comparte el trabajo. Las mujeres que permanecen en casa y hacen la mayor parte de las tareas del hogar experimentan niveles más altos de estrés que cualquier otro grupo de mujeres de la sociedad[2]. Y quizá no debiera sorprendernos que los matrimonios se destruyan por culpa de eso. En un estudio a gran escala sobre las causas del divorcio, Huber y Spitze descubrieron que más mujeres que maridos informaron que estaban pensando en el divorcio, y que habían llegado a eso por «el resentimiento de tener que cargar con las tareas de la casa»[3]. En definitiva, cuanto más ayuda el marido, menos piensa la mujer en divorciarse. Incluso podemos cuantificar esto. Por cada tarea cotidiana de la casa que el maridito realiza al menos 50% de las veces, la esposa es 3% menos proclive a pensar en el divorcio[4].

Si consideramos a los esposos, vemos que sucede lo mismo. En 1998, un estudio canadiense en el que se analizaron once mil familias obtuvo el sorprendente resultado de que los hombres satisfechos con su vida limpiaban más horas que sus pares. En otras palabras, los hombres más felices estaban en familias donde se compartía el trabajo de la casa[5].

Resulta evidente, por supuesto, que el trabajo de la casa en sí no es la causa de nuestros problemas. Los problemas parecen tener más que ver con nuestros modelos relacionales vinculados con las tareas de la casa que con el trabajo en sí. El trabajo del hogar se hace dentro del seno familiar, por eso afecta las relaciones de esa familia. Y cuando las mujeres hacen la mayor parte del trabajo, las tareas de la casa pueden tener un efecto perjudicial en la familia. Debemos dejar de pensar que las tareas de la casa son problema de la mujer; cuando es en realidad trabajo de la familia. Por supuesto, habrá familias en las que la mujer hace todo el trabajo de la casa pero las relaciones no se resienten. Sin embargo, según los estudios a gran escala de los modelos de trabajo en casa, esas son excepciones. De modo que si compartir las tareas del hogar puede ayudar a nuestras relaciones, es hora de que consideremos la posibilidad de distribuir las cargas. Demos un vistazo a nuestros candidatos para colaborar con el trabajo en la casa.

Los candidatos

Tus hijos

La gran mayoría de las mujeres coinciden en que los hijos son candidatos válidos para ayudar en las tareas de la casa, en especial si consideramos que contribuyen con gran parte del desorden. Recuerdo la alegría que me produjo encontrar Proverbios 10:5. Este versículo dice: «El hijo prevenido se abastece en el verano, pero el sinvergüenza duerme en tiempo de cosecha». Los hijos *deben* participar en el trabajo familiar. No tienen que tenerlo todo servido. Dios lo declara así, aunque mis hijas probablemente lamenten que yo haya descubierto ese versículo. Es importante que los niños aprendan la responsabilidad y las destrezas básicas que se adquieren al hacer las tareas de la casa. Tus hijos podrían ser un ejército sin uso que, aunque no siempre está dispuesto, puede muy bien limpiar.

Tu esposo

Sin embargo, los esposos son otra historia. No tienes autoridad sobre tu esposo y no puedes —ni debes— insistir en que te ayude. Además, puede que no siempre sea apropiado que te ayude. Quizá tu marido ya hace mucho en la casa y no precisamente las tareas domésticas. Pablo y Aimee compraron una casa a medio terminar porque no querían meterse en una gran deuda. En sus ratos libres, Pablo trabaja en la casa para mejorarla. Aimee no tiene idea de cómo hacer esta clase de trabajos, así que los delega en Pablo y ella se ocupa de realizar las tareas domésticas sola. Ambos contribuyen a hacer y a mantener la casa habitable.

Cuando mi esposo estaba haciendo su internado y trabajaba una cantidad impresionante de horas, me pareció que era mejor que yo me ocupara de la mayor parte del trabajo de la casa. Quería que él pasara el poco tiempo que tenía en casa disfrutando con la familia en vez de tener que preocuparse por las compras o de tener que hacer su parte de la limpieza.

Mi amigo Derek también trabaja muchísimas horas. Puede llegar a estar fuera del hogar hasta doce horas al día en su época de mayor trabajo. Su esposa Lisa está feliz de hacer las tareas de mantenimiento del hogar porque él está tan agotado que ella lo considera justo. También desea darle un respiro cuando él regresa a casa. Cuando salen de día de campo él se ocupa de lavar los platos y demás tareas porque, según él mismo lo expresa, «Es el turno de ella para un descanso».

Pero para muchas mujeres, el motivo por el cual consideran inapropiado pedir ayuda poco tiene que ver con un arreglo de repartirse tareas y mucho que ver con las expectativas del papel de cada uno. Muchas mujeres, incluso las que trabajan fuera de la casa, sienten que deben ser las únicas responsables de las tareas de la casa. Aunque estén haciendo lo que tradicionalmente es tarea del hombre, no consideran que sea justo que el hombre haga una tarea que es tradicionalmente femenina. No hay una respuesta sencilla para este dilema, excepto decir que Dios está siempre más interesado en tu condición espiritual que en la condición en que está tu casa. Pregúntate si el arreglo presente es lo que mejor glorifica a Dios en tu familia. Si no, ¡es hora de conseguir un poco de ayuda!

Pero para muchas otras mujeres la tensión no surge de sus expectativas acerca del papel que debe cumplir sino de las expectativas del marido. Recuerdo que cierta mañana, durante el estudio bíblico, mi amiga Shelly estaba furiosa por la actitud de su marido hacia la casa. Había pasado el día anterior cuidando a sus dos hijos menores de dos años, tratando con un técnico que había ido a reparar algo, llevando a los niños a la guardería, asegurándose que todos tuvieran su almuerzo, lavando la ropa y preparando la cena. No tuvo ni tiempo ni energía para limpiar, y cuando su marido llegó a la casa, la sala era un caos. Apenas entró, exclamó: «¿Qué pasó aquí?» y procedió a comunicarle que debería ocuparse con más esmero de la casa porque él así no podía vivir. Shelly explotó porque sentía que se le estaba exigiendo demasiado.

Mi matrimonio ha estado plagado de estos desacuerdo porque yo le daba más valor a la creatividad y al juego que al orden, y a Keith le gusta el orden. Ahora bien, ya sea que el problema sea que no esperas que él colabore o que él espere demasiado de ti, pueden de todos modos hallar una meta común: que la casa tenga cierto grado de orden y sea agradable entrar en ella. Si has llegado a la conclusión de que tu esposo o tus hijos son candidatos a ayudarte a conseguir esa meta, aquí veremos cómo puedes obtener esa colaboración.

Cómo convencerlos de que necesitas ayuda

Uno de los mayores obstáculos para obtener ayuda de tu familia puede ser que ellos no crean que tú de veras la necesites, sobre todo si tu marido cree que puedes mantener una casa limpia tú sola. El uso de métodos efectivos de comunicación, como veremos más adelante, pueden salvar esta brecha.

Otro problema común, aunque parezca ridículo, es que los miembros de la familia puede que no crean que quieras que te ayuden. Después de todo, si has visto a tu marido hacer siempre lo mismo, incapaz de estar tranquilo hasta que lo termine, y pensando y hablando de ello en forma obsesiva, ¿pensarías que está haciendo algo que disfruta, aun cuando se queje? Lo cierto es que puede que los hombres no crean que protestes en serio porque ellos protestan por cosas distintas. El psicólogo John Gray, autor del famoso libro *Los hombres son de Marte, las mujeres son de Venus*, dice que los hombres con frecuencia protestan para poder sentir que tienen el control. No obstante, en cierta medida disfrutan de lo que hacen, porque obtienen una recompensa por hacerlo, en ocasiones algo tan simple como la sensación de sentirse necesitados. La queja o protesta es una pantalla que les permite dar rienda suelta a los sentimientos conflictivos[6]. Si de veras no quieren hacer algo, lo más probable es que no lo hagan. Por eso los hombres pueden asumir que si hay algo que tú en verdad no quieres hacer, tampoco vas a hacerlo, salvo bajo circunstancias excepcionales o temporales.

Es probable que tus hijos piensen igual. Ellos no hacen lo que no desean a menos que alguien los obligue, y piensan que a ti, como madre, ¿quién podría obligarte a hacer algo? De modo que cuando tu esposo y tus hijos te escuchan quejarte de cuánto trabajo tienes, es probable que no comprendan cuán en serio estás hablando. Nadie pasaría tanto tiempo haciendo algo que detesta, ¿no es verdad?

¿Cómo podemos hacer que nuestra familia comprenda que apreciaríamos un poco de ayuda? Podemos pedirlo de la manera adecuada y podemos hacer algo. En el resto de este capítulo, nos concentraremos en lo primero.

Cómo pedirlo de la manera adecuada

No lo pidas con regaño

En primer lugar, veamos cómo *no* debemos pedir ayuda. Lo primero que no hay que hacer es pedirlo con regaños. Así no se pide. Los regaños son lo opuesto del estímulo y, además, jamás dan resultado. Al regañar estamos ventilando nuestras frustraciones, mostrando que estamos menos motivadas a cambiar. Da a nuestros hijos y a nuestro esposo el justificativo para no ayudar. (¿Quién quiere ayudar a alguien que siempre «está molestando»?)

Quizá puedas identificar esta escena bastante habitual (y cualquiera que me conozca, reconocerá a mi familia en ella): tú vas al sótano a lavar la ropa y a medida que desciendes las escaleras observas que tus hijos desparramaron todos y cada uno de sus juguetes por el piso en un intento por encontrar algo. Han sacado los almohadones del sillón y con ellos construyeron una nave espacial. Los disfraces están colgados por todas partes. Te pones como loca y comienzas a gritar cosas como: «¿Cuántas veces les dije que tenían que recoger sus cosas? ¡Esto no es justo! ¿Acaso esperan que yo recoja todo esto?». Tus hijos revolean los ojos y comienzan de mala gana a recoger un poco de cosas. Apenas te vas, siguen jugando. Cuando vuelves a bajar para poner la ropa en la secadora, descubres que nada ha cambiado y les gritas aun peor.

¿Cuál es el resultado? ¿Limpian el sótano? Sé que la mayoría de las veces terminas tú recogiéndolo todo. Mientras tanto, te sientes mal por haber gritado y los niños se sienten ofendidos por la manera en que los trataste. No tienen deseos de colaborar; están enojados contigo. En ocasiones nos sentimos tan frustradas que gritamos o insistimos en algo cada vez que nos cruzamos con nuestros hijos. Intentamos mantener la ilusión de que tenemos el control de la situación. Aunque esto parezca natural, no es el camino a seguir si deseas que las cosas cambien.

Es incluso la antítesis de cómo debemos tratarnos unos a otros. Efesios 4:29 (LBLA) dice: «No salga de vuestra boca ninguna palabra mala, sino sólo la que sea buena para edificación, según la necesidad del momento, para que imparta gracia a los que escuchan». Nuestras palabras deben edificar a los demás. El rezongo y los gritos destruyen el espíritu; la solicitud sincera y adecuada, no.

Algo parecido sucede con los maridos. Si bien puede que nosotros no les gritemos como lo hacemos con nuestros hijos, podemos hablarle con brusquedad o, incluso con la idea de ayudarlo (en nuestra mente), le recordamos la tarea que había prometido hacer. Esto lo único que logra es que se encierre en sí mismo y no haga lo que se esperaba que hiciese, en un intento por mantener su autoestima. No quieren ceder ante el rezongo. Cuando dejamos de rezongar y comenzamos a comunicarnos de una manera no acusatoria, los miembros de la familia estarán más dispuestos a tomarnos en serio y a hacer el esfuerzo de ayudarnos[7].

Organiza una reunión familiar

Aunque nos pongamos de acuerdo en que pedir las cosas con regaños está mal y que nuestras pautas de comunicación necesitan estar llenas de amor, ¿cómo se hace? No significa que tenemos que ir por la vida no haciendo otra cosa más que alabar a los demás. Significa que debemos ser sinceros y preocuparnos por lo que es mejor para los demás. Una de las maneras más efectivas de hacer esto en cuanto a las tareas domésticas es mostrarle a tu familia el cuadro general y luego permitirles ser parte de la solución. Si nunca antes discutieron sobre el volumen de trabajo de la familia, ¿por qué no intentarlo? Incluso los niños de cuatro o cinco años pueden comprender que algunas tareas se tienen que hacer y que alguien debe hacerlas. Ábreles los ojos a todo el trabajo que hay en una casa y ellos se identificarán contigo e incluso ofrecerán su ayuda. Kathy Peel en su libro *The Family Manager*, sugiere que uno lleve a la familia en un recorrido habitación por habitación de la casa y les pida que hagan una lista de las tareas que es necesario hacer allí y con qué frecuencia.

Ahora bien, aquí es donde hay que ser cuidadosa. En vez de usar el encuentro para dictarles lo que crees que se necesita hacer, úsalo como un encuentro de resolución de problemas, dándoles así la posibilidad de que se apropien del tema de las tareas domésticas y lleguen a una solución justa. Debes estar dispuesta también a deponer algunas de tus normas. Quizá pienses que el piso de la cocina se debe limpiar dos veces por semana mientras todo el mundo piensa que con una vez por semana es suficiente. Si quieres que participen, trata de ceder en alguno de estos puntos.

Para honrarlo, para amarlo y ¡para que limpie!

Tarea a realizar	Nombre	Semana 1						Semana2						Semana3						Semana4					
		L	M	Mi	J	V	S	L	M	Mi	J	V	S	L	M	Mi	J	V	S	L	M	Mi	J	V	S
Diaria																									
Semanal																									
Mensual																									

Una vez que decidieron entre todos lo que hace falta hacer, puedes comenzar a solicitar voluntarios. Decide qué tarea es justo que haga cada uno de tus hijos. Algunas familias asignan una tarea especial por semana por cada año de vida; otras asignan determinada habitación a cada niño; y otras asignan tareas a cambio de cierto pago, algo que mencionaremos en el capítulo siguiente. Conversen en familia sobre lo que consideran justo y luego traten de asignar las tareas. En el capítulo 3 incluí una agenda mensual corregida, con una columna adicional para el nombre o las iniciales de la persona a la que se le asignó cada tarea. Una vez que vean cuántas veces aparece el nombre de «mamá» en esa columna, comenzarán a darse cuenta cuánto haces tú y cuán injustos son cuando no colaboran.

Pide ayuda a tu marido

Lo ideal sería que la reunión familiar inspirara cooperación por parte de todos. No obstante, para algunos, esas reuniones no serán suficientes. Algunos maridos ni siquiera querrán reunirse para eso. Entonces deberás comenzar por un nivel más rudimentario: solicitar colaboración para tareas individuales. Esto puede llegar a ser un obstáculo para muchas mujeres, porque no nos gusta pedir. Ellos *deberían* saber que necesitamos ayuda. Cuando Rose se quebró el pie en un accidente de tránsito, casi no podía caminar por algunas semanas. Su esposo y sus hijas adolescentes, que estaban acostumbrados a que ella preparara todas las comidas, se las arreglaron para alimentarse. Sin embargo, nadie pensó en servirle algo a Rose. Durante dos semanas, ella tuvo que subsistir a sopa, tostadas y bananas. Más tarde, ella se quejó por lo desconsiderados que habían sido. «Pero Rose», replicó su esposo Howard, «nunca pediste».

Quizá te encuentras en la otra punta. Tal vez has hablado hasta el cansancio, pero tu esposo sigue sin darte una mano. En ambos casos, resulta evidente que hay una ruptura en la comunicación.

Da a conocer tus necesidades

No podemos esperar que nuestro esposo nos ayude a menos que primero le digamos que necesitamos ayuda[8]. ¿Te cuesta dar a conocer tus necesidades? Si tu esposo y tú nunca discuten, es probable que sí. Por supuesto que una pelea no es algo que haya que esforzarse por alcanzar, pero es algo asociado a dos personas que intentan fusionarse. Una falta de desacuerdos *podría* indicar que jamás solicitas ayuda o que nunca confrontas a tu marido acerca de los problemas.

¿Recuerdas a Diane cuyo esposo Ted jamás movía un dedo? Hasta hace poco nunca habían discutido. Debido a las injusticias en sus relaciones, ella bullía de indignación por dentro. Tenía miedo del conflicto. Había tenido una infancia tan negativa que incluso la amenaza de conflicto le parecía peor que hacerse cargo de sus frustraciones cotidianas.

Es probable que tú tampoco hayas conversado con tu marido sobre las cosas que te preocupan. Las mujeres son famosas por afirmar: «Bueno, si no lo sabes, no soy yo quien va a decírtelo». ¿Es esto razonable? Después de todo, él no es tú. Hagámonos cargo de nuestros sentimientos y luego expresémoslos. No es que promueva la pelea; pero aprender a dar a conocer los sentimientos de manera constructiva es un paso importante para promover la intimidad que todos necesitamos.

Permite que tu esposo sea él

Los hombres se ponen a la defensiva cuando tratamos de que se conviertan en copias de nosotras y rechazamos lo que esencialmente es «ellos». Con demasiada frecuencia esperamos que nuestros esposos actúen como nosotras lo haríamos. Cuando se los confronta con alguna tarea pendiente, algo que hay que limpiar y nosotras estamos demasiado cansadas para hacerlo, puede que nos prometamos: «Muy bien, dejaré los platos sucios allí hasta que los laves», como si eso hiciera que estos se lavaran mágicamente.

Pero piensa en cómo vivió tu marido antes de casarse contigo. ¿Vivía en una casa donde la madre lavaba los platos? ¿Vivía con otros estudiantes donde los platos se apilaban en la pileta de lavar? ¿Vivía solo y se alimentaba a pizza comprada? Si tu marido antes vivía en un chiquero, es muy probable que su tolerancia al desorden sea mucho mayor que la tuya. De manera que ponerlo a prueba para ver cuándo (o si) va a limpiar es probable que no resulte. Tienes que expresarle tus expectativas y llegar a una solución aceptable para ambos.

Hazle saber que lo necesitas

La mejor manera de llegar a una solución es ayudar a tu esposo a que comprenda que lo necesitas. Cuando te haces cargo de todo en el hogar, en especial de todo lo relacionado con los hijos, puede que tu esposo crea que no es necesario. Muchos comentaristas bíblicos piensan que el significado del pasaje que dice «El esposo es cabeza de su esposa» en Efesios 5:23 significa algo similar a *fuente*, como la naciente de un río. La mujer extrae energías y apoyo de su esposo y este descubre parte de su identidad en proveer a la esposa de lo que necesita. Si nosotras, como mujeres, procuramos ser autosuficientes, privamos a nuestro esposo de algo que ellos necesitan para cumplir con el papel que le dio el Señor. Se sentirán distantes y tal vez fracasados, o como si algo les faltara aunque no sepan de qué se trata. Además, nosotras nos privamos del privilegio de ser cuidadas.

Para alentar esta relación simbiótica, necesitas concentrarte en lo que él ya *hace* y que tú necesitas y aprecias. Lo primero de la lista es, por lo general, su trabajo fuera de casa. No pensamos con frecuencia en agradecerle por su contribución, porque parece algo obvio. Sin embargo, hazle saber que dependes de él, que comprendes cuánto trabaja por la familia y que aprecias eso. Luego, encuentra la oportunidad de mostrarle que también es necesario en la casa. Con frecuencia los hombres se sienten superfluos en el hogar, como si no pertenecieran a él, porque tú lo manejas todo. Realiza pedidos sinceros que le permitan apoyarte y a la vez sentirse involucrado en la construcción de su hogar.

Pero ese pedido debe ser una solicitud específica de ayuda, y no una prueba de su amor ni de su atractivo como esposo. Si convertimos un pedido en una prueba, él lo percibirá y reaccionará a la defensiva. Hacer un pedido sincero significa darle a él la libertad para negarse sin correr el riesgo de que lo rechaces.

Es más, si sientes la tentación de rechazarlo, podrías estar ingresando a una zona de riesgo con esa actitud. Nos guste o no que nos lo recuerden, la Biblia dice a las esposas que deben someterse a sus maridos (Efesios 5:22). Esto no exige una obediencia ciega, pero significa que deberíamos considerar sus necesidades antes que las nuestras. Por supuesto, a ellos se les solicita que hagan algo parecido por nosotras en Efesios 5:21, pero en ninguna parte dice que solo debamos someternos si él lo hace primero.

Creo que parte de esta sumisión es confiar en que Dios hará el trabajo de cambiar su corazón. No debemos atacarlo con un martillo para tratar de eliminar los errores de nuestro marido. Debemos permanecer a un lado (o mejor, de rodillas) y orar que Dios poco a poco vaya removiendo estos errores cuando sea el momento. Si exigimos cambios en nuestro esposo, no nos estamos sometiendo. Nos estamos entrometiendo en un terreno que no nos pertenece, y podríamos estar poniendo en peligro el delicado obrar de Dios.

No obstante, esto no significa que no podamos cambiar nuestra manera de actuar ni tampoco que debamos acceder a cada pedido suyo (tal como lo expliqué en el capítulo anterior en la parte que hablo de servicio, y a lo que también me referiré en el capítulo siguiente). Significa que no podemos tratar de controlarlo; que eso no es someterse, que no es amar y que eso no es correcto.

Si le das el derecho a decir que *no*, no solo le estarás dando lugar a Dios para que obre, sino que también estarás cambiando la dinámica de tus relaciones con él. Como ya no lo rechazas, descubrirás que él cambia en su forma de relacionarse contigo. Así que esté de acuerdo o no en ayudarte, sigue siendo cariñosa y no te quejes. De esta manera, estarás creando una buena predisposición para tu próximo pedido[9]. Y si manifiestas tu reconocimiento cuando él hace algo, por más que sea algo que tú has estado haciendo por años sin obtener reconocimiento, él estará más dispuesto a ayudarte de nuevo. A los hombres les sientan de maravilla las muestras de reconocimiento; si le agradeces, es probable que te ayude más[10].

Haz pedidos específicos

La manera en que pedimos las cosas tiene muchísimo que ver con la respuesta que obtendremos. Cuando solicites ayuda, sé breve y específica. A los hombres, por lo general, no les agrada tener que interpretar lo que queremos, aunque las mujeres estemos acostumbradas a leer entre líneas. Ser específica evita que el hombre sienta que lo están atacando. La mayoría de los hombres son muy sensibles ante cualquier insinuación de culpabilidad que vislumbren, aun cuando no tengamos esa intención.

Cuando las mujeres pedimos algo, solemos justificar nuestro pedido para mostrar que no estamos siendo egoístas en lo que pedimos. Esto da buen resultado con otras mujeres, pero con los hombres el tiro nos puede salir por la culata. Por ejemplo:

Delega de la manera adecuada para él

Si deseas que tu esposo asuma la responsabilidad sobre ciertas tareas sin que tengas que pedírselo, necesitas hallar un método de delegar que le haga ver a él lo que se necesita hacer, pero sin que él se sienta intimidado.

Pedido habitual	Cómo lo interpreta él	Cómo reformular la frase
Mi amor, no hay leche y los chicos necesitan comer cereal en el desayuno. ¿Podrías ir a comprar?	¿Cómo puede ser que no sepas que tus hijos necesitan comer cereales? ¿Acaso no te das cuenta de nada respecto a ellos? ¿Cómo puedes haberte tomado lo que quedaba de leche? ¿Cómo es que no has salido ya a comprar más?	¿Podrías ir a comprar un poco de leche?
Esta llave se está saliendo otra vez. No sé cómo repararla y me está volviendo loca. ¿Podrías arreglarla antes del fin de semana?	¿Por qué no la instalaste bien? ¿Cómo se te ocurre salir con tus amigos y dejarnos a mí y a los niños durante todo el fin de semana con esta llave que se está saliendo?	¿Podrías arreglar la llave esta noche?
Mi vida, ¿podrías ayudarme con la cena? El bebé me reclama y no puedo hacerlo todo. Si me ayudaras aunque sea diez minutos, podríamos cenar antes.	¿Cómo es posible que te sientes ahí cuando el bebé me está molestando mientras intento preparar tu comida? ¿No te preocupas por nosotros? ¿Cómo puedes ser tan holgazán?	¿Podrías pelarme esas verduras? (Muchos no saben cómo pueden «ayudar con la cena». Tienes que ser clara).

Más abajo se dan algunas sugerencias. Siéntate con él a conversar sobre eso y elige las que mejor se adapten a la personalidad de tu esposo.

Listas

A mi marido lo motivan las listas. Si le digo que me gustaría que me ayude a limpiar antes de la cena, no sabría qué hacer. Sin embargo, si hay una lista de tareas diarias y semanales en la puerta del refrigerador y él ve lo que falta hacer, se convierte en algo parecido al monstruo de Tasmania que gira a toda velocidad como un torbellino mientras limpia la casa.

Las listas pueden ser útiles para diferentes propósitos. Si tu marido no sabe qué haces en todo el día, colocar una lista en la puerta del refrigerador de las tareas que llevas a cabo lo ayudará a darse cuenta de que tú también trabajas. Para algunas personas, tener listas de las tareas que cada uno hace puede ser de gran ayuda. Además él puede ver que está ayudando. Esta es la forma en la que muchos hombres se organizan en su trabajo, y para algunos puede ser un excelente motivador en la casa.

Opciones

A otros, las listas los agobian. Prefieren que se les dé una opción o una gama de tareas que se necesitan hacer. Algunas mujeres que conozco le dicen a su esposo que hay diez grandes trabajos que ellas desearían poder ver listos pronto. Entonces, el hombre está en libertad de elegir uno o dos que va a hacer en esa ocasión.

Áreas de propiedad

Algunos hombres prefieren tener una o dos grandes responsabilidades. Quizá tu esposo es el que siempre se encarga de lavar los platos o que siempre baña a los niños. Si esa tarea es siempre su responsabilidad, estará más dispuesto a hacerla. Incluso es fácil darse cuenta si cumple con su parte del trato o si se hace necesario hallar una nueva solución.

Elimina los impedimentos para su trabajo

Por último, algunos hombres son perfeccionistas y no les agrada trabajar teniendo a los chicos en medio. Quizá tu marido no quiere ayudar a limpiar porque los niños andan por ahí. Si te llevas a tus hijos a dar una caminata de media hora (es asombroso cuánto puedes hacer cuando no hay niños merodeando), él podrá convertirse de repente en el Sr. Limpieza.

Toma distancia y permanece quieta

Una vez que has usado estos métodos para alentar a tu esposo e hijos a participar en las tareas de la casa, es de vital importancia que te abstengas de criticar, rondar, ayudar o de hacer sugerencias sobre cómo hacer mejor esa tarea. Todo esto es contraproducente. Si criticas los esfuerzos que tu marido hace en las tareas de la casa, le estarás diciendo que es incompetente, y es menos probable que lo vuelva a intentar. ¡Preferirá hacer cosas que hace bien![11]

Lo mismo sucede cuando nuestros hijos tratan de aprender una tarea. Dales la libertad de aprender y de cometer errores, o pensarán que los rechazas a ellos y no a su trabajo.

Otra cosa dañina que podemos hacer es entrometernos cuando los demás protestan por la tarea que deben hacer. Algunos miembros de la familia puede que se enfurruñen porque instintivamente saben que a nosotras, las mujeres, nos cuesta manejar eso. Si tienes la fortaleza para esperar, por lo general el mal humor cede. Los hombres rezongan para acomodarse a una nueva forma de hacer las cosas. Si nos entrometemos, les negamos el derecho a expresar sus sentimientos[12].

Los niños suelen ser los que más se quejan. No solo protestan, sino que suspiran, se arrastran por la habitación e incluso lloriquean. Mi hija de cuatro años, cuando se le pide que junte los disfraces, por lo general se arroja al piso de forma melodramática y se arrastra como si estuviera en un desierto muriéndose de sed. Sin embargo, recoge los disfraces. Si no soportas las quejas y las representaciones teatrales, sal de la habitación. Y no los regañes por eso, siempre y cuando hagan la tarea asignada.

¿Por qué nos perjudicamos al hacer estas cosas? Creo que estas son un reflejo de la ambivalencia que sentimos acerca de pedir ayuda. Debido a que la manera en que nos sentimos acerca de nosotras mismas suele estar ligada al estado de nuestro hogar, muchas veces no queremos renunciar al control de las tareas domésticas, aunque nos disguste hacerlas. Si descubres que estás a punto de entrometerte, detente y recuerda lo siguiente:

1. *La reiteración positiva es un mejor motivador que la crítica.* Si alabas a tu familia, aunque el trabajo no se haga tan bien como lo harías tú, es más probable que se enorgullezcan de lo que hicieron, se apropien de la tarea y deseen hacerla de nuevo.
2. *Las personas necesitan práctica.* Esperar la perfección inmediata es injusto.
3. *El objetivo es que hagan la tarea y no controlar sus sentimientos.* No tiene por qué milagrosamente gustarles lavar los platos, ni tampoco tienen que dejar de quejarse y protestar, a menos que reaccionen de manera grosera o perjudicial. Si ven que quejarse no los conduce a nada, dejarán de hacerlo.
4. *Les estarás haciendo un favor a tus hijos enseñándoles habilidades y responsabilidad.* Si te echas atrás, podrás ocasionarles un daño.
5. *Tu esposo necesita sentir que te está siendo de ayuda.* Si tú lo criticas o sugieres cambios, él puede sentir que crees que él es un incompetente. Entonces será proclive a abandonar.

No obstante, podrá haber ocasiones en las que el trabajo no se hace de la manera adecuada. Por ejemplo, es el turno de Susie de limpiar el baño y ella pasa un trapo por la bañadera pero quedan restos de jabón y suciedad. Puedes ir con ella al sanitario y hallar cosas que puedes destacar de su trabajo. «¡Qué bien has limpiado el espejo! No tiene ni una sola marca». Dile que lo está haciendo cada vez mejor, pero que tiene que eliminar los restos de suciedad de la bañadera. Luego, asegúrate de que sabe cómo hacerlo.

Con tu marido puedes intentar algo parecido. Busca un momento de paz y pregúntale si pueden conversar sobre ciertas cuestiones que te preocupan. Hazle saber cómo te sientes y luego pregúntale si cree que tu evaluación es justa. Escúchalo y no seas demasiado estricta. Pídele su opinión sobre cómo lo estás haciendo tú, y de esa manera él no sentirá que lo estás atacando sino que se trata de un trabajo conjunto con un mismo objetivo. Quizá haya cosas en las que te gustaría ayudarlo, como pagar las cuentas, ocuparte del mantenimiento del automóvil u otras tareas. Dale la libertad de que te pida cosas y así a él le resultará más sencillo responder a tus peticiones.

Deja los regaños y los gritos. Aprende a pedir de la manera apropiada. Esto tendrá mucho que ver en que consigas ayuda. No obstante, para algunos de nosotros, esta solución no es suficiente. El tema no es solo conseguir que *nos ayuden*, sino que debemos asegurarnos de que no estamos *ayudándolos* de manera inapropiada. En cuanto a esto, pedir puede no ser suficiente. Puede que necesites hacer algo. Y a eso nos referiremos en el capítulo siguiente.

Prueba rápida de la realidad

1. Piensa si tu esposo tiene tiempo para ayudarte con las tareas domésticas. ¿Cuánto tiempo tiene disponible descontando el tiempo que está fuera de casa en su empleo? ¿Qué cosas ya hace en la casa? ¿Es un buen candidato para ayudarte?

2. ¿Cuál es tu actitud hacia los chicos que colaboran en la casa? ¿Crees que ellos deben tener tareas asignadas? ¿Has sido capaz de ponerlo en práctica? Lee Efesios 6:1-3. ¿Cuál es tu función en ayudar a que tus hijos reciban esta promesa?

Profundicemos

1. Cuando hablas con tu esposo e hijos, ¿los edificas o los derrumbas? Trata de no molestar, ni discutir, ni criticar todo el día, aunque creas que los demás lo merecen. Deja pasar unos días y luego prueba alguna de las técnicas para pedir de la manera adecuada. Memoriza Efesios 4:15.

2. ¿Puedes soportar que te ayuden? ¿Qué pasará si el baño no está tan limpio como te gustaría? ¿Puedes delegar las tareas y permitir que los demás las ejecuten?

Capítulo 7

No te quedes sentado ahí... ¡haz algo!

ace algún tiempo, vi un episodio de *El show de Oprah Winfrey*, en el que una mujer describía cómo su marido siempre dejaba la ropa interior sucia tirada en cualquier lugar del dormitorio. Había intentado de todo para hacer que la recogiera. Había usado todo tipo de cestos habidos y por haber. Los había colocado en el baño, debajo de su cama y hasta en el pasillo. Había dejado la tapa abierta y cerrada, pero él seguía sin recoger su ropa interior. Un día, estaba tan furiosa que le tiró al suelo todas las mudas. Al día siguiente solo tenía para ponerse un raído bóxer agujereado.

Todos los del programa hacían la siguiente pregunta: «¿Cómo podía hacer ella que él recogiera su ropa interior?». Sin embargo, opino que es un punto de partida equivocado. La pregunta más importante es: «¿Por qué ella la recoge?». En este capítulo analizaremos qué es razonable que hagamos, cómo hacemos estas cosas mientras exigimos respeto y cómo podemos alentar a los miembros de nuestra familia a que acepten compartir la responsabilidad de las tareas domésticas. Ya nos hemos referido a cambiar nuestra manera de pedir. Ahora hablaremos sobre cambiar nuestras acciones. Podemos conseguirlo de dos maneras: con incentivos por ayudar y con consecuencias por no ayudar.

Paso 1: Los incentivos

Asignación o mensualidad para los hijos

Cuando mi hija mayor cumplió los tres años, ingresó a una nueva etapa de su vida. Yo ya me sentía aburrida y agotada de estar siempre recogiendo sus juguetes. Decidí que si tenía la edad suficiente para sacarlos de la caja, también la tenía para volver a guardarlos. Comenzamos a usar una tabla de «trabajos de la familia» con una lista de sus tareas asignadas: recoger sus juguetes tres veces al día, cepillarse los dientes y llevar el canasto de ropa sucia al lavadero. Cada vez que finalizaba una tarea, ella me traía un lápiz de color y dibujábamos una carita feliz en la tabla. Cuando cumplió los cuatro años, implementamos el «trabajo remunerado». Cuando ella terminaba cuatro tareas semanales, recibía una asignación.

Yo la había preparado para estas nuevas tareas animándola a que me ayudara a trapear el piso, a limpiar, a quitar el polvo o cualquier otra tarea que yo estuviera haciendo, incluso cuando era todavía muy pequeña. Ella lo consideraba divertido, y yo alimenté ese entusiasmo. En ocasiones demoraba mi trabajo, pero a los tres años era capaz de quitarle el polvo a una mesa de centro y hoy, a los siete, sabe limpiar todo el baño. ¡Ya me ahorra tiempo!

Neale Godfrey, en su libro *A Penny Saved*, se refiere a la importancia de enseñar a los niños acerca del dinero y la responsabilidad en la comunidad[1]. Ella alienta a los padres a que comiencen a pagar a los hijos por su trabajo a partir de los tres años de edad, con tareas a la medida de sus posibilidades. Algunos de los trabajos que le dimos a nuestras hijas cuando eran muy pequeñas fueron:

- Pasar una gamuza a las alacenas, cajones y electrodomésticos (nosotros aplicábamos el limpiador)
- Quitar el polvo a muebles pequeños
- Ayudar en la clasificación de la ropa (¡en especial armar los pares de medias!)
- Limpiar las ventanas
- Limpiar el lugar donde comen o juegan

A medida que crecen, las tareas pueden ir incrementando su dificultad en forma progresiva. Yo les doy a mis hijas una tarea semanal diferente acorde a su edad. Para recibir su paga, deben terminar todas las tareas. Esto les enseña que deben hacer el trabajo completo y no solo una parte. Y los «trabajos de la familia» no son optativos; deben hacerse antes de los «trabajos remunerados».

El dinero y la responsabilidad

Este sistema tiene el beneficio adicional de enseñarles a los niños a manejar dinero. Godfrey aconseja dar a los niños una mensualidad de $1 por cada año de edad. Esto puede parecer mucho dinero, en especial si tienes un hijo de ocho, otro de once y un adolescente. Sin embargo, puedes solicitar a los mayorcitos que se hagan cargo de comprarse alguna ropa, de pagar una salida, algún traslado, los regalos de Navidad u otras cosas que puedas considerar apropiadas. ¡A largo plazo puedes terminar ahorrando dinero! De esta manera, no les das a tus hijos dinero para que hagan lo que quieran; además les enseñas cómo manejarlo. El sistema de Godfrey, que hemos adoptado en nuestro hogar, exige que los niños guarden el dinero en tres recipientes: uno para ahorros a largo plazo, otro para ahorros a mediano plazo (por lo general compras para las que es necesario ahorrar unas cuantas semanas) y otro para gastos inmediatos (por ejemplo golosinas, si tus hijos son como las mías). Yo añadí un cuarto recipiente para el diezmo. A medida que los niños crecen, puedes ampliar el sistema de los recipientes. Te animo a que leas el libro de Godfrey u otro libro cristiano sobre este tema. Si empleas de manera constante un sistema, cuando tus hijos terminen la secundaria, habrán adquirido hábitos de ahorro bien arraigados, un concepto claro del uso del dinero y hasta contarán con algunos ahorros para la universidad.

Si tus hijos son grandes y jamás implementaste ningún tipo de tarea asignada, nunca es tarde para comenzar. Puede que protesten, pero si te mantienes firme en que necesitan trabajar para cobrar, es probable que cedan con tal de obtener su mensualidad.

Un beneficio adicional de este sistema es que hace que tus hijos colaboren contigo en las tareas domésticas sin quejas ni frustraciones. Una vez que los niños tienen edad suficiente para leer, sabrán qué deben hacer y cuándo. Solo tienes que dejarlos que lo hagan. Si no lo hacen, se atendrán a las consecuencias (no recibirán su retribución). No necesitarás gritar ni hacer una escena porque ya habrás explicado lo que sucederá cuando no cumplan con su tarea. Las consecuencias, y no los discursos, son las que enseñan mejor. Y será un alivio para tus nervios.

Para que esto sea realmente eficaz, necesitas hacer que ganar dinero sea atractivo. Si les compras a tus hijos chocolates o juguetes cada vez que estás en una tienda, ¡no les dejas nada para que se compren ellos! Sin embargo, si saben que no tendrán esa golosina, aquella muñeca ni ese pantalón vaquero nuevo a menos que trabajen por ello, quitarán el polvo con mayor energía y disposición.

Otro método para incentivarlos, en especial a los niños pequeños, es hacer que las tareas sean un juego. Mi amiga Lynda, una mamá que también enseña a sus hijos en casa y tiene una granja, inventa juegos con un incentivo para trabajar más aprisa. «Quién consigue recoger veinte cosas en menos tiempo» es algo que funciona muy bien (cincuenta si están por venir invitados a casa). Otro juego es «romper la marca». Pongan a andar un cronómetro y vean si consiguen limpiar la sala más rápido que el día anterior. Si te entusiasmas, ellos también lo harán.

Tareas según el género

Asegúrate de no usar el sistema de tareas para afianzar los estereotipos de género en tu familia. Cuando era adolescente, una de mis amigas se quejaba de tener que realizar un montón de tareas domésticas mientras sus hermanos no. Si exiges que tus hijas hagan más tareas, o tareas diferentes, que tus hijos, puede que estés perpetuando los conflictos de papel que estás tratando de superar en tu matrimonio.

A medida que el número de hogares tradicionales con madres de tiempo completo dedicadas a la casa vaya disminuyendo, será cada vez menos posible que tus hijos hallen una esposa que permanezca en casa y haga todas las tareas domésticas. Es igualmente poco probable que tus hijas asuman ese papel. En un importante estudio realizado en Canadá acerca de las actitudes de los adolescentes, 95% de las jovencitas declararon que pensaban seguir una carrera; el mismo número que los varones. Y entre 85% y 90% también querían casarse, tener hijos y continuar con su profesión[2]. Algunas de estas mujeres quizá cambien de idea cuando tengan que tomar angustiosas decisiones en cuanto al cuidado de sus hijos, pero la mayoría tal vez no lo haga. Entonces, no le estarás haciendo ningún favor a tu hijo ni a tu futura nuera, si no lo educas con el convencimiento de que la tarea del hogar es responsabilidad de toda la familia. Trata de hacer trabajos rotativos con tus hijos sin tener en cuenta el género.

Reacción positiva

En lo que se refiere a tu marido, la motivación más adecuada es una reacción positiva de tu parte. Algunas mujeres tienen una fe ciega en esto de darle un incentivo al esposo, pero según cuál sea ese incentivo, este método podría poner en peligro tu matrimonio. Por lo general, se trata de favores sexuales. Recuerdo en un episodio de *WKRP in Cincinnati*, Herb recuerda que su esposa pensaba que el sexo era un premio: «Mejor será que cortes el césped, Herbie, o no habrá cariñitos esta noche». El divorcio del sexo y la intimidad los rebaja a ambos y puede abrirse una brecha entre los esposos. De modo que, sea que uses o no los incentivos, sí deberías usar la reacción positiva.

Michele Weiner Davis, una psicóloga que cree que los mayores problemas de relación lo pueden resolver las partes actuando con más inteligencia, dice que podemos reforzar la conducta positiva imaginándonos cómo la alentamos. Identifica los momentos en que tu esposo e hijos ayudaron con las tareas domésticas. Luego define cuál hiciste para que sucediera: ¿Cambiaste la manera de pedirle a tu marido? ¿Fuiste más afectuosa con él esa mañana? ¿Pasaste más tiempo jugando con tus hijos antes de solicitarles que ayuden? Una vez que definas cuál fue tu modelo de conducta, repítelo[3]. No esperes que tu familia actúe a la perfección de manera automática solo porque lo hayan hecho una vez. Piensa cómo puedes cambiar tu conducta para seguir alentando su conducta positiva.

Paso 2: Establece las consecuencias

El propósito de declarar consecuencias

Si instituyes consecuencias para la inacción de tu familia, y aprendes a hacer menos tareas, tu nivel de estrés descenderá por sí solo. Volvamos al ejemplo del marido que dejaba su ropa interior sucia desparramada. ¿Cómo podía la esposa cambiar su conducta de manera de alentarlo a que participe del proceso de limpieza?

En primer lugar, el problema no es realmente la ropa interior tirada por todas partes; el problema es que *a ella no le gusta* que esa ropa esté desparramada. El lugar donde la ropa esté, a él no le preocupa. Él podría vivir toda su vida con la ropa donde está y su tensión arterial no subiría ni una décima. Sin embargo, ella siente rabia cada vez que ve esas prendas ofensivas. Quizá a ella no le guste estar en una habitación desordenada, o a lo mejor piensa que él está siendo irrespetuoso con ella. Cualquiera que sea la razón, ella es la que siente tensión respecto de esa situación, y no él.

De manera que ¿cómo puede cambiar? Sería ideal que ella pudiera dar psicológicamente un paso atrás en esa situación y decidirse a dejar allí la ropa hasta que él haga algo al respecto. Creo que esto es poco realista dado que a la mayoría nos costaría tener que andar pisando ropa interior sucia. Esta es mi propuesta: que ella elija una esquina de la habitación o del armario donde colocará todo lo que él deja desparramado por el piso. Ella debe anunciarle lo que hará y asegurarse de que él sepa que no lo hace porque esté enojada con él sino porque necesita hacer algo que alivie su propia frustración.

De esta manera, ella no necesita andar recogiendo las cosas detrás de él, dado que el cuarto se ve relativamente acomodado. De vez en cuando, él se quedará sin ropa limpia y traerá la sucia al cesto del cuarto de lavado. Por su parte, ella debe reconocer sus motivos para asegurarse de que no está tratando de iniciar una pelea. Recuerda que el propósito no es castigarlo a él sino ayudarse a sí misma.

Quisiera aclarar también que ella no debería establecer estas consecuencias por la ofensa en sí misma (la ropa interior) sino por cómo ella se siente al respecto. Mi esposo con frecuencia deja la ropa tirada por la habitación (y yo hago lo mismo) y cada mañana yo recojo la de ambos. Yo no siento que él esté siendo irrespetuoso porque, por lo general, él no lo es, y además no está haciendo algo que yo no haga también. Sin embargo, para esta mujer, la ropa interior era parte de un cuadro general de falta de respeto y sintió que debía hacer algo en cuanto a eso. Lo que puede ser espantoso para una mujer, a otra no le molestará en lo más mínimo. El tema es cómo encajan las cosas en el contexto amplio de unas relaciones y no cada ofensa en sí misma.

Cómo lidiar con el contraataque

Tienes que darte cuenta que, al instituir estas consecuencias, estarás afectando el modelo de conducta de tu esposo y tu familia, y debes esperar un contraataque de parte de ellos[4]. Aunque el modelo anterior iba en detrimento de tu felicidad y, por lo tanto, de la armonía familiar, la mayoría de las personas reaccionan al cambio de manera defensiva. Debes tratar de prever este contraataque para tener así la fortaleza necesaria para mantenerte en tus trece.

En ocasiones, tu familia tratará de iniciar una pelea porque ese ha sido el modo normal de enfrentar los problemas. La pelea normalmente termina cuando todos están exasperados y tú cedes y haces la tarea. Por ejemplo, puede que tu esposo esté acostumbrado a que lo culpen por ser perezoso, y si dejas de recogerle la ropa, podrían mantener una conversación como la siguiente: «¿Estás tratando de probar que soy perezoso? Tú crees que soy un vago, ¿no? ¿Acaso no te das cuenta de cuánto trabajo toda la semana?», y así sigue la cosa.

Robin Norwood, autor de *Women Who Love Too Much*, sugiere que si tu esposo trata de iniciar un ping-pong de discusiones, no participes[5]. Si quieres decir algo, exclama tan solo: «Ah», o repite lo que él dijo. Esto le permitirá descargarse sin encender tu enojo. Recuerda que si sucumbes, te olvidas de las consecuencias y comienzas de nuevo con las viejas discusiones, podrías quedar peor que si nunca hubieras intentado un cambio.

La elección de las consecuencias

Cuando pienses en consecuencias adecuadas, necesitas tener cuatro cosas en mente. Primero, recuerda que el propósito de la consecuencia no es castigar a nadie sino hallar una solución a tu sentimiento de frustración. La consecuencia debería mejorar las cosas para ti. Entonces, aunque tu familia no ayude seguirás sintiéndote mejor que ahora. Si decides una consecuencia que todos comprenden, no habrá más peleas ni quejas, sino acción. El proceso total insume muchísimo menos tiempo, y puedes usar esa energía emocional para cosas más positivas. Tienes que ser clara con tus metas; no albergues amargura, resentimiento ni la necesidad de autojustificarte. Entonces estarás mejor capacitada para manejar cualquier contraataque.

Segundo, la consecuencia nunca debe involucrar una retención de amor o aceptación. Estas son cosas que les debemos a los miembros de nuestra familia solo por ser quienes son y no por lo que hacen. Es muy sencillo, incluso natural, decidir que si tu esposo no colabora, tú te volverás fría, distante y para nada afectuosa. Tus sentimientos han sido heridos y sientes que no te valoran, de manera que es natural que te hagas a un lado. Sin embargo esto los lastima a todos: a tu esposo, que pierde tu amor; a tus hijos, que terminan viviendo en un ambiente tenso; y a ti, que te ves también privada de la intimidad. Aquí es precisamente donde las consecuencias apropiadas pueden ayudar. En vez de retraerte, haz algo que solucione el problema y te permita concentrarte en las relaciones.

No importa cuánto podemos llegar a dañar nuestro matrimonio al reprimir nuestro afecto, eso no será nada comparado con lo que puede suceder si hacemos lo mismo con nuestros hijos. Su identidad está aún en formación. Si les enseñamos que necesitan ganarse la aprobación, haremos que las relaciones futuras sean muy difíciles. Usar consecuencias inapropiadas implica chantaje emocional.

Tercero, los miembros de la familia deben poder elegir la consecuencia sin que te enojes. No estás tratando de controlarlos, sino intentando conseguir cierto grado de respeto. Pero descubrirás que si eres constante, ellos elegirán sufrir las consecuencias cada vez menos. Por último, la consecuencia no debe ser tan extrema que te impida cumplirla. Si te echas atrás y no sigues adelante luego de haberles advertido sobre tu curso de acción, les estarás enseñando que es correcto desobedecer lo que dices y estarás afianzando aun más cualquier falta de respeto que ellos manifiesten hacia ti.

Las consecuencias ayudan a los niños

Dios ordena que los hijos deben obedecerte y honrarte como madre. Lo ideal es que esta sea una relación recíproca; tú debes hacer que la obediencia sea algo sencillo. Esto no significa que tengas que ser indulgente sino por el contrario, implica el establecimiento de reglas que deben cumplir y la enseñanza por medio de las consecuencias de que la obediencia y el respeto son importantes. Debemos siempre orientar las reglas hacia el desarrollo de la conducta adecuada, y no podemos tener demasiadas reglas de manera que exasperemos a nuestros hijos. Si no establecemos patrones de conducta, le estaremos negando a nuestros hijos una de las mayores bendiciones que el Señor les promete (véase Efesios 6:1-4).

Aunque el rey David era maravilloso, se olvidó de esta enseñanza. Él fue un padre muy permisivo y no disciplinó a su hijo Amón, incluso luego de un pecado muy grave. Este error llevó a una guerra civil (2 Samuel 13). Al imponer consecuencias a tus hijos y esperar determinadas conductas por parte de ellos, les estarás haciendo un favor. Les estarás enseñando a ser autosuficientes, productivos y responsables, a ser considerados y a colaborar con los demás, a reverenciar a Dios y a respetar a los demás, y a trabajar con esmero. Todas estas son virtudes cristianas importantes, pero de las que muchos cristianos carecen porque sus padres no les proporcionaron un entorno donde se exigiera la obediencia y el respeto. Si no les enseñas que te obedezcan, como autoridad terrenal que eres, ¿cómo obedecerán a su Padre celestial?

Las consecuencias ayudan a los matrimonios

Si tu esposo te respeta y siente que es un gran apoyo para ti, se sentirá afortunado por estar casado contigo. Sin embargo, si lo haces todo por él, y él no parece estar haciendo ninguna contribución útil a tu vida, podría serle difícil relacionarse contigo.

El hecho es que si tú realizas hasta las más ínfimas tareas de su vida y él no es responsable ni siquiera de las cuestiones básicas del cuidado personal, como servirse un vaso de agua cuando tiene sed o colocar sus prendas en el cesto para la ropa sucia, estás actuando como una sirvienta. Mi amiga Diane se levantaba a las 5:20 para preparar la ropa de su marido para ese día. Incluso colocaba la ficha para el subterráneo encima de las prendas, para que tuviera todo lo necesario para irse a trabajar. A veces había estado levantada toda la noche por el llanto de su bebé mientras él dormía de un tirón. Cuando él se iba, ella iba desesperada a tratar de dormir un par de horas más.

No había necesidad de que ella se levantara tan temprano. Ted, como adulto, era bien capaz de escoger su propia ropa y de buscar el boleto para el subterráneo. Sin embargo Diane había adoptado el hábito de hacer por él hasta las cosas mínimas. ¡Qué contraste con las demás mujeres que Ted se encontraba en el trabajo todos los días, que irradiaban inteligencia y confianza en sí mismas! Él tendría muchas más cosas en común con ellas que con su propia esposa. Creo que este modelo de servilismo dañó a Diane en su matrimonio. En vez de ser alguien a quien Ted pudiera respetar y de quien pudiera sentirse orgulloso de que fuera su esposa, él mantenía una relación desigual con alguien que actuaba como una sirvienta.

Si estás de manera continua haciendo cosas por tu esposo y no dejas que él se haga cargo de las tareas básicas, te costará tener una relación matrimonial caracterizada por la mutualidad.

En Gálatas 6:5, Pablo nos advierte: «Que cada uno cargue con su propia *responsabilidad*». Necesitamos ser responsables por las cosas que naturalmente están bajo nuestro dominio. Él equilibra esto diciendo: «Ayúdense unos a otros a llevar sus *cargas*» en el versículo 2. La palabra que se traduce «carga» se refiere a algo excesivamente pesado. La «responsabilidad» que debemos cargar nosotros mismos, se refiere a las condiciones naturales de la vida cotidiana. Nadie debería hacer esto por el otro, excepto como don de servicio. Mientras tal cosa puede ser un intento de servir al otro (una parte agradable y recomendable dentro de un matrimonio que armoniza), si se hace siempre, es probable que se esté cruzando la línea entre servicio y servilismo.

Analízalo desde esta perspectiva: si tienes una sirvienta, no esperas que ella sea tu mejor amiga. Ella está allí para evitarte toda incomodidad y para hacer las tareas que te desagradan. Si actúas de esa manera con tu marido, ¿cómo va él a tener una relación de reciprocidad contigo? Transformar tus esquemas de comunicación y acción para conseguir una relación mejor de mutuo respeto puede causar fricciones al principio. Si mantienes tus perspectivas de compromiso y de afirmación, es probable que puedas pasar por ello y surgir con más fortaleza. Estarás forjando un matrimonio en el que la amistad florecerá con mayor facilidad.

¿Cómo hacemos para elegir consecuencias que produzcan estos beneficios en nuestras relaciones y hagan que nuestra vida sea más sencilla? Más abajo, detallo varios ejemplos de consecuencias que considero pueden aplicarse. Por supuesto que no se aplicarán a todas las familias. Pero para las mujeres que están buscando dónde trazar la línea, serán un buen punto de partida.

Ejemplos de consecuencias

No recojas cosas del piso

Razón: Recoger los juguetes, la ropa y las pertenencias que los miembros de la familia dejan tirados en ambientes de uso común (no en los dormitorios si se ponen de acuerdo en esto) les enseña que otros se harán cargo de su irresponsabilidad.

Consecuencia: Algunas familias tienen una canasta de «jubileo», parecido al jubileo del Antiguo Testamento cuando toda la tierra se reintegra a su dueño original luego de un cierto tiempo. Cuando los niños se van a la escuela o salen a jugar, recoges todo lo que hayan desparramado en los ambientes compartidos y lo dejas en un cesto dentro del armario. Se los devolverás el domingo o pueden obtenerlo antes si pagan diez o veinticinco centavos, o lo que te parezca apropiado.

En cierta oportunidad, nuestra familia debió hacer algo más drástico. Luego de haberles solicitado a las niñas repetidas veces que limpiaran la sala de juegos y su habitación, pero sin resultado, tomamos bolsas de residuos y las llenamos de juguetes que donamos al Ejército de Salvación. Si ellas tenían demasiados juguetes para poder mantenerlos ordenados, algunos tenían que irse. En ocasiones las niñas nos ayudaron a descartar, pero otras veces gemían cuando les confiscábamos animales de peluche a los que ni siquiera habían mirado en dos años. Sin embargo, cuando hay menos juguetes, es mucho más sencillo recoger y los niños no se sienten tan agobiados por la tarea.

Cuando el desordenado es tu esposo, puedes apilar su ropa y sus artículos personales en determinado lugar de la habitación y los papeles en una esquina de la mesa o del escritorio, de manera que se ocupe de ellos cuando tenga un rato libre.

No seas la única en ocuparte de la ropa

Razón: El lavado y planchado de la ropa puede ser una de las tareas más agotadoras y que insume más tiempo. Y se trata además de una habilidad esencial para la vida.

Consecuencia: Enseña a tus hijos a lavar y planchar la ropa cuando tengan la edad adecuada. Incluso un niño de ocho o nueve años puede aprender a poner ropa a lavar. Y el doblado de ropa es una fantástica tarea para hacer frente al televisor (incluso para los maridos). Cuando tus hijos tengan la edad suficiente, dales un cesto propio para que ellos se ocupen de lavar su ropa. La escritora Sue Careless opina que una de las maneras de saber si una está trabajando demasiado es si sigue ocupándose de la ropa de un hijo que está en la secundaria[6]. En cuanto a tu esposo, reduce el tiempo de planchado adquiriendo prendas que no se arruguen tanto. Y si en tu guardarropa hay más prendas tejidas y menos de algodón y seda, ¡tendrás mucho menos que planchar!

Si tú preparas la cena, no lavas los platos

Razón: La preparación de la comida y el lavado de platos son también habilidades cruciales que todos deben aprender. Si tú haces todas las comidas y también la limpieza posterior, estarás ocupada gran parte de la tarde, el único momento en que a lo mejor está toda la familia en casa.

Consecuencia: Cuando tus hijos tienen alrededor de siete u ocho años, se les puede enseñar a despejar la mesa y lavar los platos, en especial si cuentas con una lavadora de vajilla. Los maridos también pueden hacerlo.

Si esto no da resultado o tus hijos son demasiado pequeños y tu marido rehúsa colaborar, puedes implementar cenas de bajo mantenimiento varios días a la semana, hasta que ellos decidan ayudar. Sirve la cena con pocos platos y no uses ollas. Puedes servir cereales, o sopa con alimentos fríos, o emparedados, frutos secos y vegetales crudos. Estarán representados todos los grupos de alimentos básicos y además es rápido para preparar y rápido para limpiar. Puedes explicarle a tu familia que es una enorme carga preparar siempre comidas elaboradas y luego limpiarlo todo, por lo tanto, hasta que no colaboren, vas a preparar comidas calientes de vez en cuando.

Hazte cargo de la evidente resistencia haciendo buen uso de tu tiempo libre. Jueguen al *Monopolio* o a un juego de cartas y así usarán ese tiempo con sabiduría. Por sobre todas las cosas, evita decir: «Si ustedes limpiaran, tendríamos una buena comida». Recuerda que el propósito es pasar más tiempo juntos y divertirse más. Si a ti no te importa comer cereales a las seis de la tarde, ellos notarán que la variedad de comidas se reduce y comenzarán a ayudar enseguida.

Cuando los niños sean más grandes, hazles preparar la cena una vez a la semana. Los diez u once años es un buen momento para comenzar. A los diez años pueden poner a hervir unos fideos y calentar una salsa comprada en lata. Ese día, *tú* lavarás los platos. Si les dices a tus hijos que podrán planificar el menú para esa noche, eso les dará un mayor incentivo para colaborar. Esto puede ser un servicio extraordinario para tus hijos. Un conocido chef de Toronto ofrece una clase de cocina a los estudiantes de secundaria en la que pueden aprender a preparar alimentos saludables y apetitosos, como vegetales con carnes salteadas o lasaña. Cuando terminan el primer año de la universidad, regresan alabando al chef porque su casa se ha convertido en el lugar más popular del campus. Ser capaz de preparar una buena comida es una habilidad sumamente útil y atractiva, y es algo divertido para enseñarles a los niños. Incluso les costará menos trabajo mudarse cuando tienen diecinueve o veinte años porque saben que no estarán condicionados por la comida comprada o congelada. Se sienten autosuficientes.

Sin embargo, los niños no son los únicos que pueden colaborar con las comidas. Si trabajas fuera de tu casa, hacer que tu marido se haga cargo de algunas comidas por semana será sumamente valioso para ti. Haciendo uso de los métodos para una comunicación efectiva, pídele que prepare la cena una vez a la semana, para empezar. Luego, no te quejes si es una comida sencilla, si está quemada o si compró comida hecha. Siempre y cuando no tengas que cocinar y sea una comida nutritiva, ¿a quién le importa el resto? Lo ideal sería que todos pudieran turnarse en la cocina para cuando tus hijos estén en la secundaria.

La cena debería ser un momento que se use para la conversación familiar y la socialización

Razón: Los niños necesitan contar con un tiempo en que toda la familia esté junta y pueda conversar un rato sin distracciones externas. Hay estudios que muestran que uno de los mejores elementos para predecir la vida emocional saludable de un niño, su rendimiento escolar y otros beneficios, es si la familia se reúne a comer alrededor de la mesa. Si las comidas son irregulares, o todo el mundo come y se va rápido, se estarán perdiendo uno de los momentos más preciosos que la familia aún conserva. La lectura devocional y la oración surgen en forma natural luego de la cena; pero si los miembros de la familia se dispersan, se perderá una valiosa oportunidad.

Consecuencia: Si no se sientan a la mesa, puedes negarles otros privilegios como cualquier cosa que ellos estén apurados por hacer. Puedes poner por regla que no habrá televisión ni teléfono hasta más tarde, de manera que conversar en familia resulte más atractivo. Si tu marido no está de acuerdo, de todos modos puedes poner esa regla a tus hijos. En muchas familias, aun las comidas de los festejos especiales que han llevado horas de preparación, son devoradas en minutos por los ingratos miembros de la familia que por lo general no dejan de pelear ni un segundo. Luego abandonan la mesa para que la limpie quien cocinó. ¡No permitas que tu familia se acostumbre a esto! Si tu esposo no quiere permanecer en la mesa, alienta de todos modos a tus hijos. Ellos necesitan disfrutar de la mayor cantidad de tiempo en familia que les sea posible.

Tus hijos deben respetar tu privacidad/tu espacio personal

Razón: Los niños necesitan aprender que tienen límites con los padres. Si ellos saben que hay ciertas maneras en que siempre estarás separada de ellos, se sentirán libres de madurar separados de ti. Si ellos esgrimen escasos límites o no respetan los tuyos, corres el riesgo de enredarte emocionalmente con ellos. Algunos ejemplos de límites razonables: no te deben hablar cuando estás al teléfono, no deben gritarte a través de la puerta del baño (o lo que sería peor, no deben entrar), no deben molestar cuando estés durmiendo o tomando una siesta y deben golpear a la puerta antes de entrar a tu dormitorio. Por supuesto, esto lo irán aprendiendo en distintas etapas de su desarrollo, pero muchos niños pueden empezar a aprender estas cosas a los dos años y medio.

Consecuencia: Para idear consecuencias para estas conductas, primero recuerda que los niños hacen las cosas para obtener premios. Si los reprendes por entrar al baño cuando tú estás allí pero luego le das lo que quería, lo más probable es que vuelva a hacerlo. Te sugiero que evites la recompensa por esta conducta o que la ignores hasta otro momento más apropiado.

Cuando los niños interrumpen las conversaciones telefónicas u otras charlas, no respondas hasta que termines y ellos pregunten como se debe. Quizá tengas que explicarle a la persona con la que hablas por qué no estás ocupándote de un niño que chilla. De ser necesario, corta la comunicación y disciplina al niño. Este debe aprender que estás hablando en serio o un día recibirás una llamada importante y no podrás hablar.

El respeto por las horas de sueño es también un tema por el que oran los padres. Cuando los niños tienen edad suficiente, se les puede enseñar que te dejen dormir en las mañanas los fines de semana. Esto puede hacerse más sencillo si preparas lo que pueden llegar a necesitar y lo dejas a su alcance. Cuando mis primos eran pequeños, mi tía colocó vasijas de plástico, cucharas y el cereal en el estante inferior de la alacena y la leche en el estante de más abajo de la heladera. Hasta el día de hoy las vasijas permanecen en ese estante aunque mis primos ya son universitarios. Incluso puedes dejarles sus videos preferidos junto a la videocasetera o creyones y papel al alcance de la mano. Con suerte, esto podrá asegurarte una o dos horas extra de descanso.

No salgas a socorrerlos cuando olvidan algo

Razón: Los niños deben aprender a ser responsables de su propia agenda. Deben mostrarte respeto solicitándote ayuda de antemano, en caso de necesitarla. Si tú intervienes cuando olvidan el almuerzo o los llevas en automóvil porque perdieron el autobús, aprenderán que alguien siempre salvará sus errores.

Consecuencia: Analicemos algunos rescates y pensemos la consecuencia adecuada a cada caso. Si tu hijo olvida su almuerzo con frecuencia y siempre llama a casa para que se lo lleves, trata de no hacerlo. Tu hijo no morirá si pasa hambre una tarde. Podría ser una buena idea informar al maestro o al director acerca de lo que estás haciendo y por qué, para que no piensen lo peor de ti.

Si tu hijo nunca está listo a tiempo, elige una salida que no sea de crucial importancia para ti. Dile que debe estar listo a determinada hora y que no se lo vas a repetir. Si no está listo, no salen. Quizá necesites repetirlo varias veces, pero aprenderá a estar listo a tiempo.

Cuando mi prima tenía tres años y asistía al jardín de infantes, mi tía pasaba momentos terribles tratando de prepararla por la mañana. Una mañana, cuando Shawna no se quiso vestir, mi tía la llevó al jardín en pijama y puso la ropa en una bolsa. La maestra la observó y exclamó: «Shawna, a la escuela no se viene en pijama». Los otros niños repitieron eso mismo y Shawna nunca más se demoró. Todas las peleas para que estuviera lista a tiempo se terminaron.

Todos los miembros de la familia deben llamar si van a llegar tarde

Razón: La cortesía exige que la gente respete los sentimientos de los demás. Todos nos preocupamos si alguien llega tarde y todos tienen la obligación de evitar eso. Hay planes que muchas veces tienen que ver con quién estará en casa y a qué hora, y por eso la cortesía exige que los programas y compromisos se comuniquen.

Consecuencia: Si tus hijos no llaman cuando van a llegar tarde, niégales el permiso para salir. Si llegan tarde del entrenamiento de fútbol, se perderán la próxima práctica. Si llegan tarde de un compromiso social, no podrán salir a la noche siguiente. Algunos maridos tienen el terrible hábito de quedarse más tiempo en el trabajo o con sus amigos, y uno no sabe si cenar sin ellos o esperarlos. Por lo general, tú te sientes frustrada, tus hijos están hambrientos (¡y lloriquean!), por lo que la cena se torna desagradable para todos. Si este es un problema frecuente en tu hogar, te sugiero que determines una hora para cenar. Luego de esa hora, la comida se quita de la mesa y los que lleguen más tarde deberán calentarla y servírselas ellos mismos. Si sirves dos o tres veces la cena todas las noches, reservándola y calentándola cada vez, estarás enseñando a tu familia que tener consideración no es importante y te estarás perdiendo la oportunidad irreemplazable de disfrutar de una cena sin tensiones.

Si tu esposo o tus hijos llaman para avisar que llegarán tarde, guardarles la cena o posponerla es algo apropiado. Sin embargo, si esto se convierte en un hábito, piénsalo antes de preparar la cena dos veces.

Poner en práctica el servicio con consecuencias

Mientras estas consecuencias pueden ser apropiadas para enseñar respeto y responsabilidad, el servicio requiere flexibilidad. Quizá tu hija adolescente está rendida porque está estudiando para un examen final o se siente mal porque su novio acaba de romper con ella. Ese podría ser un excelente momento para poner en práctica la gracia y hacer las tareas por ella, dándole un abrazo cariñoso de consuelo y tiempo libre. Siempre habrá oportunidad para las excepciones cuando los niños las necesiten, o sencillamente porque deseas darles un regalo en forma de ayuda o de tiempo. Sin embargo, si no pones en práctica las consecuencias de manera coherente y constante, estas serán inefectivas y tendrás pocas opciones de alentar a tu familia para que asuma la responsabilidad de las tareas hogareñas.

Ayuda externa

Por último, si lo has intentado todo y la ayuda no aparece, aquí presento otras ideas para aliviar tu carga:

Comparte las tareas de la casa con una amiga

Fíjate si puedes traer a tu casa a los hijos de una amiga una vez por semana mientras ella hace una limpieza general y luego, cambian turnos. O, mejor aun, llevar los hijos de ambas a la casa de otra amiga mientras las dos limpian una casa juntas. Esto resulta de maravillas en la limpieza de primavera.

Prepara comidas con otras familias

Ponte de acuerdo con otra familia para tener un banco de comidas. Ambas prepararán cena suficiente para las dos familias. Esto se guardará en un congelador acordado de antemano. Cada vez que haces un depósito, también puedes hacer una extracción. Esto funciona muy bien con dos familias, pero puedes obtener una mayor variedad cuando participan más personas.

Contrata una sirvienta

Si puedes costearlo, contrata una empleada doméstica. Muchas mujeres son reticentes a hacerlo porque piensan que esto significa que no están haciendo su trabajo o que se trata de un malgasto de dinero. Sin embargo,

¿cuánto vale tu tiempo y tu tranquilidad? Si puedes hacer que alguien vaya a limpiar unas cuantas horas por semana, dándote la libertad de hacer otra cosa, ¿por qué no hacerlo?

Prueba rápida de la realidad

¿Qué consecuencias puedes determinar para tu esposo y tus hijos que disminuyan tu nivel de frustración? Ora por esto primero para asegurarte de que tu motivación es aumentar la armonía y el respeto en tu familia y no castigarlos.

Profundicemos

1. ¿Haces sencillo que tus hijos te obedezcan? ¿Son tus reglas comprensibles, firmes y coherentes? ¿Te sientes cómoda con la idea de que deben obedecerte o eso te parece duro? Lee Hebreos 12 para tener una idea de cómo Dios disciplina a sus hijos. Pídele que te ayude a hacer lo mismo con los tuyos.
2. ¿Te respeta tu esposo? ¿Valora lo que haces? ¿Deberías hacer cambios en tu manera de relacionarte con él para que te respete con mayor facilidad?
3. Medita en la diferencia entre Gálatas 6:2 y Gálatas 6:5. ¿Estás llevando las cargas de tu familia pero a la vez asegurándote de que cada uno se haga cargo de sus propias responsabilidades?

Capítulo 8

Los niños deletrean amor así: T–I–E–M–P–O

Todo lo mencionado hasta aquí está orientado a disminuir tu estrés y a mejorar tu vida familiar. Sin embargo, si procuramos tener una gran relación con nuestros hijos, las reglas y las consecuencias no son las únicas cosas que un niño necesita. Ellos necesitan nuestro tiempo y todo el que podamos darles. Es lamentable que estemos siempre tan ocupadas por lo que el tiempo siempre es escaso. Esto no solo es malo para nuestros hijos sino que es terriblemente agotador para nosotras como madres. Cuando no conseguimos conectarnos con nuestros hijos, algo en nuestro interior parece sin ánimo para nada.

No obstante, muchas mujeres luchan no solo contra sus propios problemas de tiempo sino que también están tratando de hacerse cargo de la falta de participación de su marido con los hijos. Mi amiga Wendy dedica mucho tiempo a sus cuatro hijos; pero su marido está ocupado con un montón de otras cosas: su negocio, la iglesia e incluso participa en política. Él considera que cumple su papel como proveedor de la familia. A ella le preocupa que él no esté más en contacto con los niños, además se siente agotada porque la exigencia física y emocional de criar a sus hijos recaen sobre ella.

El abismo entre padres e hijos

Con frecuencia no nos alejamos de nuestros hijos de manera intencional. Pocas personas deciden de manera consciente: «No voy a pasar nada de tiempo con mis hijos». Sin embargo, conocemos gente que parecieran no tener ningún tipo de relación con sus hijos. Pero antes de que los juzgues con rudeza, recuerda lo siguiente: las relaciones pobres son solo una natural consecuencia de nuestra sociedad antipaternal. Es la única alternativa posible. Si nos dejamos llevar por el ritmo que impone la vida es bastante posible e incluso es probable que no nos relacionemos con nuestros hijos. Relacionarnos con ellos hoy en día significa ir contra la corriente. Significa que debemos vencer a los programas de televisión, los videojuegos, las actividades extraescolares y las charlas interminables con los amigos. No es sencillo ni tampoco es natural. Es mucho más fácil seguir con la rutina diaria mientras ellos se dispersan y regresan solo para comer o para mascullar una respuesta monosilábica cuando le preguntas acerca de cómo les fue en su día.

La buena noticia es que como esa conducta es por lo general sin intención, con esfuerzo puedes vencerla. Y el esfuerzo bien vale la pena. La familia ha demostrado ser el mejor lugar (y para algunos el único) donde los niños aprenden moral, valores, responsabilidad y compromiso. No obstante, cada vez más se da la situación de que los niños no pasan con sus padres el tiempo necesario para que estos les transmitan estas enseñanzas. Judith Harris, en su libro de 1999, *The Nurture Assumption*, afirma que los padres han pasado a ser irrelevantes para sus hijos. Su estudio demuestra que cuando los niños llegan a la preadolescencia, los amigos, los maestros y los medios tienen mucha mayor incidencia en sus opiniones, sueños y valores que sus padres. Ella cree que esto está mejorando la solidaridad social. Yo creo que esto es nuestro llamado de atención para que nos pongamos en marcha. Sabemos que nuestros hijos nos necesitan, entonces ¿por qué no hacemos a un lado la sociedad y nos ocupamos de cubrir estas necesidades nosotros mismos?

Cómo tender un puente sobre la brecha

Hace más de 3500 años, Dios nos dio la respuesta. En Deuteronomio 6:5-7, Él expresa:

Ama al Señor tu Dios con todo tu corazón y con toda tu alma y con todas tus fuerzas. Grábate en el corazón estas palabras que hoy te mando. Incúlcaselas continuamente a tus hijos. Háblales de ellas cuando estés en tu casa y cuando vayas por el camino, cuando te acuestes y cuando te levantes.

Nuestra función primaria como padres es enseñar a nuestros hijos acerca de Dios. Sin embargo, la manera en que comunicamos estas verdades puede ser casi tan importante como comunicarlas. Dios no nos dijo que lleváramos a nuestros hijos a la Escuela Dominical una vez a la semana para que pudieran escuchar lo que alguien les dice acerca de Él. Dios nos indica que debemos pasar tiempo hablándoles a lo largo del día, cuando se levantan y cuando se acuestan. ¿Por qué Dios lo indicó de esa manera? Creo que es porque cuando invertimos tiempo en nuestros hijos, ellos se sienten valorados y amados. Ven que nos ocupamos de ellos y así están más dispuestos a respetarnos, a escucharnos y a imitarnos.

Esto lo sabemos por instinto. Esa es la razón por la que las revistas están plagadas de artículos sobre cómo aprovechar el tiempo de calidad que damos a nuestros hijos. No obstante, Dios no nos dice que condensemos el tiempo que dedicamos a nuestros hijos en breves ráfagas. Él desea que pasemos tiempo con ellos y punto. La idea de tiempo de calidad no aparece en la Biblia y creo que es por buenas razones. La Dra. Laura Schlessinger, presentadora de programa de entrevistas y gran defensora de la familia, dice: «Los momentos de calidad exigen cantidad de tiempo para que sucedan de manera espontánea»[1]. Es que uno no puede hacer que ocurran.

De manera que debes programar los momentos de juego, digamos, para los martes luego de la escuela. Todos jugarán Battleship. Es importante determinar un momento exclusivo de diversión con nuestros hijos. Estas actividades contribuyen a edificar la buena voluntad, la confianza y el afecto además de proveer un espacio en el que los niños expresan sus esperanzas y sus temores. Sin embargo estas actividades no deberían constituir la sumatoria de nuestra relación. Son solo lo primero que se necesita para avanzar rumbo al objetivo final. Tus hijos ven que los valoras lo suficiente para pasar tiempo con ellos; entonces se sentirán libres para conectarse.

Sin embargo, si descansamos solamente en el tiempo de juegos planificado para conectarnos emocionalmente con nuestros hijos, nuestros planes pueden ser contraproducentes. Imagínate si ese martes la mejor amiga de tu hija de ocho años le dice que considera que otras dos niñas son sus mejores amigas y no ella, o si tu hijo de diez años se entera que no forma parte del equipo de fútbol del colegio. No tendrán demasiados deseos de estar contigo ni de jugar y el momento que planificaste para comunicarse se habrá evaporado de repente.

Con frecuencia, los mejores momentos de comunicación con nuestros hijos no están planificados. Son esas tardes sin presiones que dedicamos a preparar galletas y tu hijo de repente te comenta que está teniendo problemas en la escuela porque nadie quiere sentarse con él durante el almuerzo. O quizá esté pensando en abandonar karate, pero le preocupa lo que tú pienses al respecto. Cuando pasas tiempo con tus hijos con cierta frecuencia, esta clase de comunicación se dará con naturalidad.

Tiempo con Mamá

Antes de que entremos en detalles sobre cómo podemos organizar este tiempo compartido, creo que las madres necesitamos una charla de ánimo. En la televisión, la mayoría de los programas muestran madres que están espantosamente fuera de onda con sus hijos y a hijos que desdeñan a su madre. Nos bombardean todo el tiempo con mensajes de que las madres de hoy en día no son lo suficiente buenas y que los hijos necesitan «algo más» que a nosotras.

Cuando mi hija mayor Rebecca cumplió los tres años, me sentí cargada de culpa porque no la estaba estimulando lo suficiente. Muchas de mis amigas habían inscrito a sus hijos en costosos jardines de infantes, donde jugaban en centros de cuentos, centros de arena y centros de pintura. ¡Y lo único que tenía Rebecca era a mí! Por supuesto que íbamos a la biblioteca y a nadar, también a un grupo de juegos, pero ¿cómo podría cubrir esta falta de estímulo profesional?

Afortunadamente lo pude superar y a Rebecca le fue bastante bien. Sin embargo, no creo que mi experiencia sea única. Una de mis amigas, después de dejar de trabajar fuera para permanecer en su casa, siguió mandando a su hijo mayor a la niñera todas las tardes, porque creía que a él no le gustaría permanecer en casa solo con ella. En vez de sentirnos culpables por dejar nuestros hijos al cuidado de otros, con frecuencia nos sentimos culpables por *no* dejarlos. Sin embargo, los estudios muestran una y otra vez que permanecer en casa es bueno, si no mejor, que cualquier otra alternativa[2]. Y esto no se termina cuando los niños van al colegio. Mi amiga Linda aceptó una oportunidad de jubilación anticipada para poder estar en casa cuando sus hijas adolescentes llegaran del colegio. Linda cree que ellas la necesitan incluso más ahora que cuando eran pequeñas debido a todos los temas difíciles que deben enfrentar en esta etapa. De manera que ella ahora anda por ahí con sus hijas, y las amigas de ellas andan con ella. Tienen una relación maravillosa y sus niñas aprecian el apoyo y el consejo de Linda.

¡Ánimo! ¡Puedes hacerlo! Tú eres la única madre que tienen tus hijos y en su interior, lo demuestren o no, tus hijos desean pasar tiempo contigo. Quizá pienses que tu hermana o tu amiga o tu vecina son mejores madres, pero ellas no son la madre de tu hijo, sino tú. De manera que ¡levanta la cabeza y manos a la obra!

Sin tiempo para los niños

Dicho esto, es necesario mencionar que a veces tenemos actitudes con las que debemos lidiar antes de que podamos ser las madres que Dios quiere que seamos. Por ejemplo, a algunas de nosotras no nos atrae la idea de dedicarnos de lleno a la maternidad. Raquel es una de ellas. Le amargaba la vida a su marido porque este nunca quería pasar tiempo con su hijo. Él dedicaba tiempo a sus amigos, a los juegos en la computadora o a trabajar en el garaje, pero jamás llevaba a su hijo al parque ni a un partido de hockey, y ni siquiera jugaba con él, y esto disgustaba mucho a la esposa.

Aunque me solidarizaba con ella, había algo que me inquietaba mucho. Ella tampoco hacía ninguna de esas cosas con su hijo. Estaba todo el día en casa con el niño, pero nunca lo llevaba al parque ni a un grupo de juegos ni a ninguna parte. Ella se dedicaba a limpiar y él miraba la televisión. A veces iba a visitar a alguna amiga o a los parientes, pero no elegía ninguna actividad para que su hijo disfrutara.

De vez en cuando, todas ansiamos tener un tiempo para nosotras, por eso le pedimos a nuestros hijos que nos dejen solas. Sin embargo, si esta es nuestra manera continua de actuar, es señal de que hay un problema. A veces no deseamos jugar con nuestros hijos. Preferimos mirar televisión o incluso limpiar la casa antes que hacerlo. Claro, es natural que hagamos lo que deseamos. Otras, puede que no tengan idea de qué hacer con los niños. Los amas, pero no eres una persona que se entienda con los pequeños. No te divierten sus juegos. ¿Cómo hacer para jugar con ellos?

En ambos casos, la respuesta es la misma: haz el esfuerzo de pasar tiempo con ellos aun cuando esto vaya en contra de lo que te resulta natural hacer. Prueba leer con ellos. Vayan juntos a la biblioteca y saquen algunos libros.

Dedica unos minutos a jugar en el piso con ellos. Quizá no sea lo más divertido que hayas hecho en tu vida, pero ¡tus hijos lo apreciarán!

Si tus hijos son pequeños todavía y ansías actividades más ambiciosas, busca un grupo de juegos. Las iglesias, la Asociación Cristiana de Jóvenes e incluso las organizaciones de vecinos a menudo organizan encuentros de madres con preescolares. Otras opciones son los programas de «madres e hijos», como clases de gimnasia, de natación o de música. Como estas actividades son guiadas por alguien, entonces no tendrás el problema de no saber qué hacer. Si tus hijos son más grandes, podrías probar con algún deporte como salir a patinar o a andar en bicicleta. Planifica momentos en los que hagas con tus hijos actividades que ellos disfruten y hallarás que su entusiasmo es contagioso.

No obstante, hay una advertencia en cuanto a esto. Kate participa con su hijo de varias actividades extracurriculares por la sencilla razón de que no desea permanecer en casa con él. Su hijo se aburre, se queja, hace berrinches y se porta mal. Entonces ella hace todo lo que puede fuera de la casa para no darle tiempo de que se aburra en el hogar.

Algunos niños son particularmente inquietos debido a ciertas alteraciones como el déficit atencional. Sin embargo, la mayoría de los niños que son difíciles de tratar, lo son porque nosotros permitimos que su personalidad se desarrolle de esa manera. Mi hija Rebecca es propensa a quejarse y lloriquear. Sé que esa actitud terminará por volverme loca si continúa así de manera indefinida, así que tengo tolerancia cero hacia esa conducta. Si no defines reglas básicas como esta, tus hijos terminarán convirtiéndose en criaturas que te provocan rechazo, aunque te duela admitirlo. Lee algunos libros sobre cómo ejercer la disciplina en el hogar y aplica esas ideas. Así, tus hijos se convertirán en la clase de personas con las que es agradable vivir.

Demasiado ocupada para las relaciones

Otras mujeres no tratan de evitar el jugar con sus hijos; abrazan la maternidad desde el extremo opuesto. Su agenda gira en torno de sus hijos. Los dos varones tienen entrenamiento y partidos de béisbol dos veces por semana, así que ocupan el tiempo luego de la escuela llevándolos de un lado al otro. La hija está en el equipo de natación y debe estar en la piscina a las

6:30 A.M. Después asiste al grupo de niñas exploradoras, a la reunión de la iglesia y también va a jugar a casa de las amigas. Cuando estas mujeres están en casa, dedican cada minuto a recordarles a sus hijos que hagan la tarea o que practiquen piano. Intentan mantener cierta semblanza de vida familiar mientras comparten una rápida cena antes de la siguiente actividad.

¿Están estas atareadas madres dedicadas al bienestar de sus hijos? Por supuesto que sí. Quieren que sus hijos se diviertan, que tengan oportunidades para destacarse y aprender y que hagan nuevos amigos. ¿Pero es esta actividad frenética la mejor manera de lograrlo? Jim Weidmann, conocido como quien fomenta las «noches de familia» en los programas de radio Heritage Builders, me dijo en una oportunidad: «Si Satanás no puede hacer que seas malo, hará que estés demasiado ocupado». Si te la pasas corriendo de aquí para allá y no tienes casi tiempo para relacionarte o para servir, seguramente te será difícil nutrir a tus hijos.

Un límite para las obligaciones fuera de casa

Cuando yo era niña, los chicos solíamos tener una actividad extra, ya fuera gimnasia, un deporte o clases de música. La tendencia actual es que los niños prueben un poco de todo. Es así que asisten a tres o cuatro actividades por semana. Si sumas los compromisos de varios hijos, la agenda enseguida se carga de actividades.

Si bien queremos dar oportunidades a todos nuestros hijos, es importante que mantengamos el cuadro general en vista. Tal vez haya formas de que puedan participar en algo sin que se convierta en una actividad semanal. A mis hijas les encanta la gimnasia, de manera que decidimos que esa sería la clase semanal que tomarían. Sin embargo, también quieren hacer natación y danza. En el verano, las enviamos a campamentos de una semana donde realizan esa actividad en particular. Eso les permite probar esas dos disciplinas sin por eso cargar nuestra agenda durante el año.

Los niños necesitan tiempo para ser niños: para jugar juntos, para descansar, para imaginar nuevos mundos y para conquistar nuevos territorios (aunque se trate de un montón de almohadas en el piso). Necesitan tiempo para jugar con sus hermanos, algo sumamente difícil si toman caminos distintos rumbo a sus actividades. No temas negarte a otra actividad.

Los adolescentes también pueden sentirse sobrecargados de oportunidades para realizar actividades extracurriculares, con el grupo juvenil y trabajos de medio tiempo. Necesitarás limitar la cantidad de noches a la semana que pasarán fuera de casa. Existe el riesgo de agotamiento y de que pierdan todo contacto contigo en un momento de su vida en que más necesitan tu orientación.

A veces se da vuelta la tortilla y serás tú la que deba dejar de lado una oportunidad. Quizá no quieras participar de determinada comisión porque las reuniones son los miércoles y ese día es una de las pocas noches cuando toda la familia está reunida en casa. Cuanto más priorices la vida familiar, más oportunidades tendrás de estrechar lazos con tus hijos.

Un límite para las intromisiones externas

Limitar las obligaciones externas harán que tus hijos permanezcan en el hogar más tiempo, pero eso por sí solo no te dará más tiempo con ellos. Demasiadas cosas dentro del hogar compiten por nuestra atención. Imagina si apenas tu hijo regresa a casa, llega un extraño a tu puerta y anuncia que va a pasar las siguientes horas contándole bromas pesadas e historias violentas a tu hijo. Incluso quiere que tu hijo se quede sentado, inmóvil, sin hacer ninguna clase de ejercicio. Además, quiere hacerlo en el cuarto de tu hijo donde no haya hermanos, amigos y en especial que no haya padres que se entrometan. ¿Qué harías? Lo más probable es que llamarías a la policía, ¿no es así?

Y sin embargo, algo no muy distinto a esto es lo que sucede cuando permitimos que nuestros hijos miren televisión, naveguen por Internet o jueguen con los videojuegos. La mayoría reconoce que lo mejor para ellos es que miren menos televisión. Lo mismo pensamos de la computadora y de los videojuegos. Sin embargo, el solo pensar en desenchufar estos aparatos y limitar o incluso eliminar su uso nos revuelve el estómago. Según la investigación de *Neilson Media Research*, el norteamericano promedio mira cuatro horas diarias de televisión[3]. Esto suma un día a la semana, dos meses al año y diez años completos de nuestra vida cuando cumplamos los sesenta y cinco años de edad.

Mientras el contenido de la televisión es cuestionable, en Internet podemos hallar páginas descaradamente peligrosas. Deseamos permitir a nuestros hijos que usen la computadora porque queremos que sean competentes en lo tecnológico; pero la verdad es que la mayor parte del tiempo que están en la red no están conectados a la Biblioteca del Congreso ni haciendo una investigación por una tarea escolar. Aunque no estén haciendo algo abiertamente perjudicial, es probable que estén holgazaneando.

Y luego está el teléfono. Dan Kindlon, psicólogo de Harvard y autor de *Too Much of a Good Thing: Raising Children of Character in an Indulgent Age*, descubrió que uno de las cinco mejores maneras de ayudar a la salud emocional de un adolescente es no permitir que tenga un teléfono en su habitación[4]. Cuando los preadolescentes y adolescentes están al teléfono están principalmente chismorreando. Recuerdo que a mis tiernos catorce años acosaba a mi novio por teléfono varias veces por día debido a una compulsión por conectarme. Esto no era bueno para mi psique; solo me hacía estar demasiado tiempo concentrada en una relación inmadura y fugaz.

Es poco probable que quieras prohibir estas cosas de manera absoluta, aunque pudieras hacerlo sin provocar una tercera guerra mundial; pero sí puedes tomar ciertas medidas para limitar las influencias negativas:

1. Relega todos los televisores a un lugar secundario, como un rincón del sótano, para que sea menos atractivo mirar televisión.

2. Coloca las computadoras en lugares centrales de la casa, para que los niños se sientan menos tentados a navegar por sitios inapropiados. Instala filtros para proteger a tus hijos (y a ti también) de la tentación.

3. Cancela tu televisión satelital o por cable. Destina el dinero que ahorras en eso para hacer algo divertido en familia, como ir una vez al mes a bolear, al minigolf o a comer pizza.

4. Limita el tiempo que tus hijos ven televisión a determinadas horas semanales y prepara una tabla de horarios para que se cumpla. Si tienen que elegir qué programas ver, podrán ser selectivos con mayor facilidad.

5. Limita el tiempo que los niños dedican a los videojuegos. Que sean un entretenimiento y no un hábito constante.

6. Confecciona una lista de todas las cosas que a tus hijos les gusta hacer solo por diversión y colócalas en un sitio al alcance de la mano, como por ejemplo en el refrigerador. Entonces los niños

podrán escoger algo para hacer cuando están aburridos. Recuerda: cuando tus hijos deben hallar algo para hacer, lo harán.

7. Limita a los niños pequeños a la televisión pública, que no tiene propagandas y por lo general presenta programas de mejor calidad.
8. Designa ciertos momentos del día en que no se usará la tecnología, como por ejemplo el momento de la comida o las noches en familia.

Cómo aumentar la diversión familiar

Si bien tener reglas para minimizar el efecto de las cosas que nos roban tiempo es una buena idea, es mejor proporcionarles a tus hijos actividades divertidas para ocupar su tiempo. Haz que las cenas en familia sean una prioridad. Este tiempo es quizá uno de los pocos en los que la familia puede estar reunida y conversar sobre lo que le pasa a cada uno. Demasiadas familias se pierden este momento de compartir experiencias debido a compromisos externos o, en 40% de los casos, porque la televisión impide toda conversación posible[5]. Algunas familias incluso se hacen un tiempo al planificar noches familiares una o dos veces a la semana. Nuestro pastor y su esposa con frecuencia reúnen a sus cuatro hijos para una noche de video los viernes, momento en que todos se relajan y pueden divertirse juntos. Puedes estar segura de que esas noches los niños no ruegan ir a ver televisión ni buscan andar llamando a sus amigos por teléfono. A medida que tus hijos crecen, si les permites elegir qué prefieren hacer en la noche de la familia, es más probable que quieran participar y estarán agradecidos de que intentes relacionarte con ellos.

Los niños que se dispersan

Por último, quizá el problema no es tanto que no tienes el tiempo o la disposición de estar con tus hijos sino que ellos no quieren estar contigo. Te preocupa haberte convertido en alguien irrelevante en la vida de tus hijos. Están siempre queriendo ir a la casa de los amigos. Para poder tener el máximo impacto en tus hijos y para tener una relación potencialmente beneficiosa con sus amigos, es importante que te asegures que jueguen o se reúnan en tu casa, al menos de vez en cuando. Entonces, ¿qué puedes hacer para alentar esto?

Sé amistosa

La mayoría de los chicos ansían tener la atención de un adulto. En la primavera, juega con tus hijos en el patio y muy pronto te verás rodeada de otros pequeños que también desean que les brindes atención. Si eres una persona amistosa que conversa con los amigos de tus hijos y se interesa por ellos, esos niños querrán jugar en tu casa. Incluso los adolescentes reaccionan bien hacia los adultos que manifiestan un interés genuino en su vida. Por esa razón la casa de mi amiga Lynda siempre bulle de actividad con las amigas de sus hijas. Sé amigable y ellos querrán estar en tu casa.

Sírveles comida

No hay nada que les dé más la bienvenida a los niños que les sirvas algo para comer mientras conversas con ellos. Se dan cuenta de que son bienvenidos allí y que tú has dejado cosas por hacer con tal de atenderlos. Los adolescentes siempre quieren ir a la casa donde haya algo para comer y tomar. Deja a mano maíz para preparar palomitas y asegúrate una buena provisión de bebidas en el refrigerador.

Crea un ambiente agradable

Asegúrate de contar con un lugar apartado donde los niños puedan acomodarse, que te permita seguir con tus tareas o preparar la cena. No te preocupes por el desorden; puedes imponer por regla que las visitas deben ayudar a limpiar y a acomodar antes de irse. Cuando todos colaboran, no lleva mucho tiempo y la mayoría de los niños reacciona en forma positiva a las reglas de la casa (esto hará que tus hijos estén más dispuestos a traer amigos a jugar en casa, si no tienen el compromiso de tener que limpiar y acomodarlo todo cuando ellos se vayan). No necesitas tener un televisor de muchas pulgadas o los últimos videojuegos. Tus hijos pueden sentirse atraídos por la casa de otro porque tiene estas cosas pero, por lo general, a los niños les gusta reunirse. Si esto es sencillo y divertido en tu casa, vendrán.

Como madres, si somos eficientes con las tareas de la casa para conseguir la mayor cantidad de tiempo libre, reducimos al mínimo las actividades extraescolares fuera de la casa y alentamos a los amigos de nuestros hijos a que jueguen en nuestro hogar, descubriremos que estamos pasando mucho más tiempo que antes con nuestros hijos. Si los niños cuentan con un tiempo determinado para estar contigo además de muchos momentos extra, es probable que las conversaciones profundas surjan de manera espontánea.

Los padres y los hijos

Por mucho que hagamos, no podemos compensar a un padre ausente o que se niega a participar. William Bennett afirma que la falta de padre es el mayor problema actual de los Estados Unidos[6]. La cantidad de niños que crecen sin un padre en el hogar se incrementa en forma astronómica y a estos les suele ir peor en toda escala social y económica[7]. Las posibilidades de que abandonen la escuela o vayan a la cárcel se duplican; es sumamente probable que tengan relaciones sexuales en la adolescencia; es cinco veces más probable que sean pobres y, en el caso de las niñas, es cinco veces más probable que sean madres adolescentes[8]. ¿Quién querría esto para sus hijos?

Rachel decidió que dado que su marido no pasaba tiempo con su hijo, este no lo extrañaría demasiado si ella se divorciaba. Sin embargo, las investigaciones demuestran lo contrario. Aunque su marido no pasaba tiempo con su hijo, al niño le hubiera ido mejor en una familia donde estuvieran ambos padres. Si tu esposo pasa poco tiempo con tus hijos, esto no les produce tanto daño como si tú lo abandonaras.

No hay nada que sustituya el papel activo de un padre en la vida de los hijos. Nada puede hacer la madre para compensar la carencia de padre. David Rutger, profesor de sociología de la universidad Rutgers y codirector del Proyecto Nacional de Matrimonio, dice: «Lo que los padres hacen —su forma particular de ser padres— no solo se complementa con lo que hacen las madres sino que es también importante por sí solo para la crianza óptima del niño»[9]. En pocas palabras, las madres y los padres interactúan de distinta manera con sus hijos. Los padres, según dice él, enfatizan el juego mientras que las madres enfatizan el cuidado. Y cuando los padres juegan con los hijos, tienden a ser hacedores y ayudan a construir puentes con ladrillitos o actuar en escenas específicas con muñecos y animales. Animan a los niños a que se concentren en la tarea que tienen por delante. Las madres toman una muñeca y dicen: «¿Quién es ella? ¿Qué va a hacer hoy?».

Permiten que los niños estén a cargo de la situación. Cuando los niños responden, las madres siguen adelante. Las madres nutren la imaginación.

Popenoe afirma además que los padres adoptan distintos papeles en la paternidad, por lo que juntos hacen un buen padre pero separados son insuficientes. Uno de los padres suele cubrir la necesidad del niño de sentirse nutrido y amado. Con frecuencia lo hace la madre, aunque no siempre es así. Sin embargo, este mismo padre suele ser sobreprotector. El otro, por su parte, es quien más anima al niño a que sea autosuficiente, que aprenda a competir saludablemente y también le enseña las habilidades para la vida diaria. Ni él ni ella satisfacen por sí solos las demandas de la paternidad. Todo niño necesita el cuadro completo.

Cuando él necesita tus oraciones

La primera acción que debes realizar para alentar a tu marido a que esté con tus hijos es ponerte de rodillas. En Malaquías 4:6, el último versículo del Antiguo Testamento, Dios promete que Juan el Bautista vendrá y «hará volver el corazón de los padres hacia los hijos». Y el ángel que le habla a Zacarías sobre el nacimiento de Juan en Lucas 1:17 promete lo mismo. Aférrate a esta promesa en tus oraciones por tu esposo.

Cuando él no tiene suficiente tiempo

Veamos qué podemos hacer acerca de algunos de los impedimentos más comunes para que tu esposo pase tiempo con tus hijos. En muchos hogares el problema no es que el marido no quiera estar con los hijos, sino que no tiene tiempo debido a su trabajo. En algunos casos, el tipo de trabajo puede hacer que no tenga ganas de jugar cuando llega a casa. Luego de tener que luchar con el tránsito para llegar a la oficina, pasar un largo día allí y luego de nuevo sufrir con el tránsito de regreso, llega a la casa y solo quiere desplomarse.

Por supuesto que esta situación puede ser frustrante para una esposa. Pero recuerda que es probable que él también se sienta frustrado. Él ve que trabaja duro por su familia y, si percibe tu resentimiento, es probable que se retraiga aun más. A los hombres les sienta de maravilla el reconocimiento, así que trata de ver las cosas desde su punto de vista. Valora lo que hace. No tengas en poco la importancia de que gane el dinero y agradécele el esfuerzo. Hazle saber que lo más importante para ti no es cuánto dinero gana sino la relación que tienen todos como familia. Si puedes hablar acerca de su agenda de una manera que no sea acusatoria, dejando en claro que lo amas, es probable que puedan solucionar el problema y hallar más tiempo.

De ser imposible, puedes tratar de hacer que el tiempo que pasa con los niños sea significativo. Algunas familias organizan «citas con papá por la noche», cuando el padre hace una salida con cada hijo en forma individual para disfrutar de un tiempo especial y estrechar lazos. O también puede hacerse cargo de un ritual, como por ejemplo leerles a los hijos antes de irse a la cama. No le indiques lo que debería hacer pero puedes sugerirle varias opciones y comentarlas con él para que pueda descubrir cuál le resulta cómoda y le entusiasma. Sus esfuerzos por relacionarse con los niños harán mucho a favor de que ese vínculo crezca aun cuando sea imposible dedicarles horas y horas de atención.

Cuando él no puede relacionarse con los niños

Tal vez el problema principal no es que el papá no tiene el tiempo suficiente sino que no le interesa. Hasta hace poco, los hombres no estaban acostumbrados a pensar que su tarea principal era ocuparse de sus hijos, y por eso no es necesariamente tan sencillo para el hombre relacionarse con los hijos como lo es para una mujer. Sin embargo, no te desanimes; esto es solo un problema temporal.

Cuando nace un niño, hay muchas cosas que debe hacer la madre. Ella lo alimenta cuando tiene hambre, es a ella a quien quiere en medio de la noche. Muchos padres se sienten heridos por este aparente «rechazo» del bebé. Él no consigue consolarlo a pesar de que haga el mayor esfuerzo, mientras que su esposa lo toma en sus brazos y se detiene el llanto de manera automática.

Sin embargo, cuando ese mismo niño cumple los cuatro o cinco años y ya puede participar en juegos más rudos, con frecuencia comienza a crearse un verdadero lazo con el padre. Hay además un segundo período en que se estrechan estos lazos cuando nace el segundo hijo. El bebé necesita a la madre y hace falta otro par de brazos que se ocupen del primogénito. El papá nota de repente que se ha vuelto indispensable y se convierte en padre con mayor naturalidad, aunque sea un poco tarde. Así que antes de que comiences a protestar porque tu marido se involucra poco con los niños, fíjate en tu situación familiar. ¿Es algo que puede cambiar una vez que tu hijo cambie de etapa? Si es así, continúa orando y mantén en mente el cuadro general que incluya el largo plazo.

Cuando él necesita que te hagas a un lado

No obstante, en algunos casos debemos hacer algo más drástico: tenemos que dar un paso atrás. Creo que las mujeres con frecuencia jugamos en contra en la relación de nuestro esposo con los niños por una sencilla razón: esperamos que los padres actúen como madres. Cuando regresamos a casa con nuestra Rebecca recién nacida, me pasaba horas estrechándola contra mi pecho, disfrutando de la sensación de tener ese cuerpecito tan cerca de mí. Mi esposo, por lo contrario, la sostenía lejos de sí y la sacudía para arriba y para abajo. Yo me quedaba petrificada. Si él no hubiera sido pediatra, ¡la habría rescatado de sus brazos de inmediato! Sin embargo, él insistía en que a ella le gustaba y en realidad, Rebecca dejaba de llorar. Yo trataba de no mirar.

Creo que la primer carcajada de Rebecca fue cuando su papá estaba haciendo con ella algo que parecía ser peligroso, así que resultó evidente que ella no quedó traumatizada de por vida con su forma de tratarla. Sin embargo la reacción de Keith hacia Rebecca es bastante parecida a la de los otros hombres. Los hombres tratan de jugar con el bebé en vez de consolarlo. Y las mujeres, como protectoras, con frecuencia los detenemos.

Esto no finaliza cuando los niños crecen. Con frecuencia tenemos ideas muy claras y definidas sobre cómo deberían cuidar los hombres a los niños, y como tenemos miedo de que no lo sepan hacer bien, no siempre les damos la libertad de intentarlo.

Recuerdo la historia que una amiga me contó acerca de unas vacaciones de verano que ella y su esposo pasaron con otra pareja en una cabaña. Un día ambas mujeres decidieron salir solas de compras y dejaron los cinco niños al cuidado de los dos hombres. Ambos papás se miraron sin saber muy bien qué hacer y propusieron: «¿Quién quiere ir a la playa?». Por supuesto, todos los niños comenzaron a saltar con entusiasmo, así que los papás tomaron cinco trajes de baño y se subieron a la camioneta para realizar el viaje de veinte minutos hasta la playa.

Cuando llegaron, se dieron cuenta de que uno de los trajes de baño era demasiado pequeño, así que ese niño se metió al mar con ropa interior. No habían llevado toallas, ni bloqueador solar, ni baldes, ni palitas, ni comida, ni bebida. Uno de los padres fue a comprar unas papas fritas y gaseosas, mientras el otro recolectaba conchillas con los niños. Hizo que los niños se cubrieran de arena para protegerse del sol y se divirtieron en grande. Pero al llegar a casa, las madres casi se desmayan cuando se enteraron de todas las cosas que se habían olvidado sus maridos. Sin embargo, observaron el rostro de los niños que sonreían de oreja a oreja, así que no dijeron nada.

A veces los hombres no recuerdan todas las pequeñas cosas que las mujeres hacen por sus hijos, pero lo asombroso es que se las arreglan de todos modos. Ese es parte del encanto de estar con papá: la manera en que uno tiene que enfrentar los imprevistos. Sin embargo, si no le confiamos nuestros hijos al padre porque tenemos miedo de tales cosas, estaremos privando a nuestro marido de una excelente oportunidad de estrechar lazos con los niños.

Otra razón por la que quizá no dejamos a los niños con su padre es que esto con frecuencia significa más trabajo para nosotras. Cuando nosotras cuidamos a nuestros hijos, les permitimos jugar en el andador con su centro de actividades mientras pasamos el trapo al piso de la cocina; o los dejamos que se entretengan en el corralito mientras preparamos la cena. Sin embargo, cuando se hacen cargo los hombres, no se ocupan de hacer tareas extra, y cuando llegamos a casa tenemos que trabajar el doble. No parece ser justo.

Darse por vencidas no es la respuesta. Cuando nos convertimos en madres, es probable que no hayamos sido tan buenas en encargarnos de todo. Es algo que aprendimos con el tiempo. Y los hombres también pueden aprender si les mencionamos lo que es necesario hacer y les damos libertad para que elijan la manera de hacer todo. Pero aunque el hombre jamás haga algo extra cuando cuida a los niños, esto ya de por sí vale la pena porque así los niños pasan tiempo con su papá. Cuanto más se vinculen, mejor será para tus hijos aunque la ropa para lavar se siga acumulando.

Cuando él no quiere pasar tiempo con los niños

¿Qué puedes hacer con un marido que no quiere cuidar a los niños o, lo que es peor, que está siempre saliendo con sus amigos y te deja sola? Como en la mayoría de las cuestiones, creo que lo mejor es tratar de conversar sobre eso. Si necesitas tiempo para estar sola, solicítale si puede ocuparse de los niños una noche a la semana, para que tú descanses un poco. Si tú haces lo mismo por él, puede funcionar. Sin embargo, hay mujeres que no quieren tener un tiempo solas sino compartir un tiempo en familia.

Haz que permanecer en casa le sea divertido

La mejor manera para alentarlos a disfrutar de un tiempo de familia es hacer que permanecer en casa sea divertido para tu marido. No lo recrimines, ni te quejes ni lo insultes cuando está en casa, sino organiza algo divertido para hacer, como jugar a un juego de mesa o disfrutar de un rico postre especial. Si estás enseñándoles a tus hijos a ser disciplinados y les pides que limpien lo que ensucian y recojan lo que desparraman, la casa le resultará incluso más acogedora.

Anima a los niños a que disfruten lo que a él le gusta

Queremos que nuestro esposo se interese por todo lo que hacen nuestros hijos. Deseamos que vaya al primer partido de fútbol del nene o al recital de danza de la nena. Sin embargo, si a tu marido no le interesan esas cosas, prueba a animar a tus hijos a que disfruten de lo que a él le gusta. Quizá él pueda llevarse a los chicos con él al trabajo un día. Mi amigo Derek muchas veces se lleva a sus hijos, de cuatro y seis años, a que vean cómo él repara camiones. Ellos juegan con sus camiones de juguete y mientras tanto están cerca de su padre. Derek trabaja muchas horas y si esperara a llegar a su casa para estar con sus hijos, no los vería nunca. A mis hijas les gusta ir al consultorio de Keith a jugar con los juguetes de allí o a dibujar mientras él hace las prescripciones. No juegan juntos pero están con él y saben dónde trabaja.

¿Le interesan a tu marido las computadoras? Tal vez tus hijos en edad primaria puedan conversar con él sobre eso. ¿Le agrada pescar? Anímalo a que lleve a los niños. Incluso puedes tratar de incluir a los niños en las cuestiones cotidianas. Si él sale para ir al negocio de computación, pregúntale si puede llevar consigo a alguno de los niños. Quizá nunca se le ocurrió hacerlo. Cuanto más esté él con sus hijos, mejor será la relación que tengan.

No abandones las actividades familiares

La mayoría de los hombres se interesarán en sus hijos si pueden hacerlo a su manera. Sin embargo, si te hallas en la desafortunada situación de que tu esposo no quiere interactuar con tus hijos, aunque tú lo ayudes de mil maneras, aquí hay algunas reflexiones finales.

No esperes que tu marido asuma el liderazgo espiritual y les enseñe a tus hijos acerca de Dios ni que sea quien los discipline. Asegúrate de insistir en las normas de la casa y de presentarles a Dios, aunque consideres que estas son tareas que debería hacer tu marido. Tus hijos necesitan disciplina y esperarlo a él, aunque lo consideres un acto de fe, puede producir un daño irreparable. Deja abierta la puerta para que tu esposo pueda ser parte del proceso, pero no dejes de hacerlo tú mientras tanto.

De igual manera, asegúrate de que tus hijos tengan gratos recuerdos de ti y de sus hermanos. Con frecuencia esperamos a nuestros maridos para planificar cosas divertidas en familia. Por ejemplo, Rachel estaba tan preocupada esperando a su marido para que hiciera algo con ella y su hijo que se quedaba sentada todo el día y no hacía nada por sí misma.

A veces mi marido está de guardia los fines de semana, lo que significa que debe ir al hospital a hacer rondas por la mañana y luego atiende pacientes el resto del día. Es probable que la mitad de las veces esté libre al mediodía. Con frecuencia me sucede que en los fines de semana espero que venga a casa para que podamos hacer algo juntos. Como pienso que va a venir, no hago planes.

No hay nada más frustrante que cuando él no vuelve a casa y yo no tengo idea de qué hacer. Los sábados en los que decido hacer algo divertido con las niñas de todos modos, aunque no lo podamos ver a él cuando termina sus rondas, son por lo general mucho más satisfactorios para todos. Gran parte de la vida es así. Si tu marido está siempre corriendo a la oficina para hacer trabajo extra y promete regresar temprano pero rara vez lo hace, quizá sea hora de que tú y tus hijos disfruten de un tiempo memorable de todos modos, en vez de quedarse en casa resentidos.

Quizá te preocupe que esto le dé a tu marido permiso para trabajar todo el fin de semana y así perderse un tiempo especial con los niños. Valorar a tus hijos y darles buenos recuerdos bien vale la pena. No hay nada que haga sentir más el rechazo a un niño que esperar a su papá y que no aparezca.

Mi amiga Wanda es muy imaginativa en esto de crear recuerdos para sus hijos. El invierno en que estaba embarazada de su quinto hijo, contrató a una niñera que la ayudara a conducir el automóvil y cargó a todos los niños allí. Manejaron hasta Florida (fueron al menos dos días de viaje desde Ontario) para pasar una semana con sus padres. No me puedo hacer a la idea de conducir dos horas siquiera sin mi marido al lado, pero ella lo hizo porque quería que sus hijos disfrutaran de unas vacaciones. John, propietario de un negocio, no podía tomarse vacaciones en esa fecha, por más que la idea le gustara. Así fue que disfrutaron de una hermosa semana, John trabajó muy duro en esos días y los niños tuvieron maravillosos recuerdos de ese paseo. Si Wanda hubiera decidido permanecer en su casa hasta que John pudiera tener unos días libres, esos viajes no habrían existido.

Si tú pierdes a tu marido por el trabajo, los amigos, los deportes o los pasatiempos, no pierdas también a tu familia. Asegúrate de que los niños tengan diversión y pronto descubrirás que tu marido tratará de hacerse el tiempo para estar contigo. Cuando no estés en casa esperándolo, algo que muchos hombres consideran como una treta para hacerlos sentirse culpables, sino haciendo algo y divirtiéndote, es más probable que desee estar con ustedes.

Floyd McClung, el fundador de Juventud con una Misión, escribe en su autobiografía *Living on the Devil's Doorstep* acerca de una epifanía que tuvo en cierta oportunidad[10]. Él había estado tan compenetrado en la labor misionera que ya ni conocía a sus propios hijos. Hasta que un día, se dio cuenta con desesperación que su esposa e hijos eran las únicas personas que Dios le había dado *a él* para que los cuidara. Los perdidos, que a él le consumían todo el tiempo, Dios se los había dado *a toda la iglesia*. Él no abandonó su tarea misionera pero cambió el enfoque y, al hacerlo, pasó a ser más eficiente en todos los ámbitos. Tu marido y tus hijos son específicamente tuyos. Cuando los priorizamos y fomentamos relaciones más estrechas con ellos, nos sentiremos más en paz y menos enloquecidas porque estaremos cumpliendo con nuestro llamado más importante.

Prueba rápida de la realidad

1. ¿Disfrutas de una relación estrecha con tus hijos? Si no, ¿cuáles son los principales impedimentos? ¿Es el tiempo, la falta de interés de ambas partes o las influencias externas? ¿Qué podrías hacer para solucionar algunos de estos impedimentos?
2. ¿Cómo describirías la relación de tu marido con tus hijos? Si no es óptima, ¿qué pasos puedes dar para colaborar en ese sentido?

Profundicemos

1. ¿Quiénes son las principales influencias de tus hijos? ¿Tú, los amigos de tus hijos, los amigos de la iglesia o los medios de comunicación? ¿Sientes que tus hijos tienen buenos valores y siguen a Cristo o se están apartando?
2. ¿Qué cosas disfrutas hacer con tus hijos? ¿En qué momentos puedes sentirte tranquila con ellos? Pídeles que escojan dos cosas que querrían que tú hicieras con ellos y decide hacerlas esta misma semana (aunque sea jugar con las muñecas o con los autitos en el piso).
3. Consulta tu agenda y fíjate si tus hijos o tú están comprometidos en demasiadas cosas. ¿Qué podrían reducir para poder disfrutar de más tiempo como familia?

Capítulo 9

Pon tu billetera bajo el control de Dios

¿Has notado alguna vez que la forma de definirnos por lo general se centra en cuestiones de dinero? «Soy ama de casa» significa que trabajo en mi hogar en vez de obtener un salario de alguna parte. «Él es contador» le da a la gente la idea de cuánto gana. Sin embargo, este énfasis en la identidad financiera es relativamente nuevo. Hace unos años nos habríamos presentado como «La hija de John Smith» o «Janet Smith de Filadelfia». El que centremos nuestra definición de nosotros mismos en el dinero manifiesta cuán importante es este en nuestra vida. No en balde las tensiones generadas por el dinero con frecuencia dominan a nuestra familia.

La cultura popular está plagada de imágenes de este juego económico de tire y afloje entre marido y mujer. ¿Recuerdas los episodios de la serie *Yo amo a Lucy*, cuando Lucy gastaba de más y Ricky al descubrir su transgresión bramaba: «¡LUUUUCY! ¿Qué hiciste con mi dinero?». Una década más tarde, en *Los Picapiedras*, Vilma y Betty se sonreían con complicidad y levantaban la mano mientras gritaban: «CÁRGALO A MI CUENTA». Las discusiones por dinero expuestas en estos programas tan típicos se centraban en que *ella* era demasiado displicente con el dinero de *él*. Él lo ganaba y ella gastaba demasiado.

Muchas familias aún tienen actitudes parecidas a la de Ricky y Lucy. En otras familias, él pasa mucho tiempo haciendo nada y en otras a ella la consideran inferior porque no gana dinero. Los problemas que el dinero puede causar en el matrimonio son interminables. Jesús habló más acerca del dinero que del cielo o del infierno o de cientos de otros temas. Nuestra actitud hacia el dinero, según parece, con frecuencia indica nuestra actitud hacia todo lo demás. Por eso «el amor al dinero es la raíz de toda clase de males» (1 Timoteo 6:10). Parte del proceso de edificar familias piadosas implica que pongamos en orden nuestra actitud hacia el dinero.

¿Qué significa el dinero para ti?

El dinero en sí mismo no es malo y no está mal tenerlo ni necesitar ganar un poco de dinero. Sin embargo, nuestra actitud hacia él es la que puede causar problemas. Con demasiada frecuencia las personas miran las posesiones y el poder para darse una idea de lo que valen. Cuando ponemos nuestra confianza en otra cosa que no sea Dios, nos estamos exponiendo a peleas, celos y a toda clase de problemas en nuestra familia.

Antes de que nos planteemos dos grandes interrogantes como «¿Debería trabajar?» o «¿Cómo deberíamos gastar nuestro dinero?», necesitamos definir qué significa en realidad el dinero para nosotros. En Hechos 17, los de Berea tomaban todo lo que Pablo decía y lo comparaban con las Escrituras para comprobar si era cierto. Nosotros necesitamos imitarlos con nuestra actitud acerca del dinero. El maestro de Biblia Kay Arthur dice que la mayor batalla de la vida cristiana la libramos en la mente, y la más poderosa arma que tenemos en esta batalla es la verdad que hallamos en la Escritura[1]. Aquí se mencionan algunas de las verdades acerca del dinero que puedes usar para medir tus propias actitudes:

1. Todo lo que tenemos proviene de Dios (Santiago 1:17).
2. Nuestras posesiones más importantes son las celestiales y no las terrenales (Mateo 6:19-21).
3. Debemos ser económicamente responsables. Debemos asegurarnos de no depender de otros (fuera de la familia) para nuestro sostén. «El que no quiera trabajar, que tampoco coma» (2 Tesalonicenses 3:10).
4. Debemos estar contentos cualquiera sea nuestra circunstancia. Pablo dice: «Si tenemos ropa y comida, contentémonos con eso» (1 Timoteo 6:8).
5. Nuestra identidad se basa en lo que Cristo hizo por nosotros y en nada más (Gálatas 2:20).
6. Debemos ser generosos y dar a los que están en necesidad (1 Timoteo 6:18).

Sin embargo, aun con estos lineamientos, las distintas familias llegan a diferentes conclusiones sobre la cantidad de dinero que necesitan. Janet Luhr, en su libro *The Simple Living Guide*, relata la historia de una familia con dos hijos que residía en un pequeño bote. Sus gastos eran ínfimos, por lo que podían trabajar por épocas y pasar más tiempo juntos[2]. Otras familias pueden elegir habitar un pequeño departamento mientras otras piensan que necesitan vivir en una casa amplia en las afueras. No hay nada de malo en estas elecciones siempre y cuando estas familias presenten sus deseos a Cristo.

Dios nos llama a diferentes cosas en la vida, así que todos tomaremos decisiones distintas. Estas decisiones acerca del dinero y el trabajo a veces nos agobian precisamente porque Dios nos permite tal libertad. Analicemos algunas esferas comunes acerca de la toma de decisiones financieras y veamos cómo podemos tomar decisiones que glorifiquen a Dios.

¿Debo trabajar?

Pocos son los que pueden obtener dinero sin trabajar, así que la primera cuestión en la toma de decisión financiera es si vamos o no a trabajar. La mayoría de nosotras hoy en día se ha criado con la expectativa de trabajar. Nos capacitamos para ello; planificamos para ello; soñamos con ello. Y el trabajo por cierto tiene varios beneficios. En muchas familias, el ingreso de la mujer les permite tener su casa propia o enviar a los hijos a una escuela cristiana. Brinda una cierta seguridad. Si sucediera algo por lo cual el marido no puede trabajar, ella puede hacerse cargo de las cuentas. Le brinda a la mujer un entorno social, un estímulo intelectual y un sentido de logro. Además le provee a la mujer la oportunidad de usar en el mundo exterior los dones que Dios le ha dado.

La mayoría de mis amigas trabaja y comprendo el porqué. Yo siempre consideré que trabajaría también, pero eso cambió el día en que tuve a mi hija por primera vez en mis brazos. Creo que muchas mujeres desean permanecer en su casa, pero las cosas que le ofrece el trabajo la impulsan a salir. Un estudio del año 1997 realizado por el centro de investigaciones *Pew* sobre 1101 mujeres que trabajaban tiempo completo, detectó que 25% de ellas prefería permanecer en su casa y que 44% preferiría trabajar medio tiempo[3]. Muchas mujeres que trabajan todo el día se sienten en conflicto. Creo que esa tortura podría resolverse si examinaran las razones por las que trabajan.

Claro que este proceso parece injusto en sí mismo porque la gente rara vez le pregunta al hombre. «¿Crees que es correcto que trabajes?» No obstante sí se les cuestiona esto a las mujeres porque se considera que son quienes deben criar a los hijos. En lo personal, considero que no importa demasiado cuál de los padres permanece en el hogar con los hijos. En algunas familias, lo ideal sería que ambos trabajaran medio tiempo (y que les pagaran bien). De modo que damos por descontado que no estoy tratando de meterme con las mujeres y afirmar que todas deben permanecer en el hogar todo el tiempo. Lo que sucede es que por lo general la realidad en común de la vida familiar indica que el marido tiene un trabajo de tiempo completo que no puede reducirse y que en muchos de los casos gana más de lo que podría ganar la esposa. Entonces, las preguntas acerca del trabajo por lo general se refieren a si *ella* debe trabajar en vez de si *él* debe trabajar.

¿Quién cuida a los niños?

Cuando intentamos tomar esta decisión, como con cualquier otra, la principal motivación debe ser lo que sea mejor para la familia. Esto es la antítesis de lo que escuchamos comúnmente: que debemos hacer lo que es mejor para nosotros porque solo así podremos ser felices y capaces de ocuparnos de nuestra familia. Sin embargo Pablo afirma: «Cada uno debe velar no sólo por sus propios intereses sino también por los intereses de los demás» (Filipenses 2:4). Él está diciendo que nuestras necesidades no carecen de importancia pero al mismo tiempo no son primordiales. Los que probablemente se verán más afectados por tu trabajo serán tus hijos; por lo que es importante que te fijes en sus necesidades también.

¿Debe alguien quedarse a cuidarlos en casa o deben enviarlos a una guardería? Y una vez que tus hijos estén en la escuela, ¿podrá llevarse adelante una vida familiar estrecha si la madre trabaja? Con demasiada frecuencia no nos permitimos ni siquiera hacernos estas preguntas. Consideramos que el trabajo es inevitable dado que necesitamos el dinero. Trata de colocar las cuestiones financieras de lado por un momento y fíjate en lo que tus hijos necesitan. Respecto del tema laboral, la Dra. Laura Schlessinger nos plantea la siguiente interrogante: «Si naciéramos de nuevo, ¿elegiríamos pasar nuestros días en una guardería o al cuidado de nuestros padres?».

Pocos elegiríamos la guardería, según ella, ¿por qué, entonces, vamos a elegirla para nuestros hijos?

Por supuesto, la mayoría de quienes dejamos a nuestros hijos con otro no elegimos una guardería donde nadie los conoce personalmente. Solo 23% de los preescolares con padres que trabajan están siendo atendidos por uno de esos centros[4]. La mayoría de los hijos de padres que trabajan quedan al cuidado de familiares, como abuelas o tías. Otros los cuidan vecinos que los conocen bien, aunque la calidad de tales cuidados puede variar de manera sustancial. Sin embargo, todos estos niños se pierden de estar con sus padres.

Existen muchos estudios que muestran descubrimientos conflictivos acerca de los posibles efectos de las guarderías sobre los niños. Uno de los mejores muestra que los niños que están en guarderías veinte o más horas a la semana son más propensos a ser violentos y 55% más propensos a sentirse inseguros y no ser capaces de despegarse de la mamá, independientemente de la calidad de cuidados provista[5]. Jay Belsky, una de las investigadoras que dirigió la investigación sobre apego y guarderías, afirmó lo siguiente luego de dirigir un estudio a gran escala:

> Los niños que pasan 20 o más horas por semana desde el primer año de vida al cuidado de terceros, ya sean guarderías, con familiares o a cargo de niñeras, se hallan en gran riesgo de ser considerados inseguros en su apego a sus madres entre los 12 y los 18 meses de edad y de ser más desobedientes y agresivos cuando tienen entre 3 y 8 años[6].

El problema no termina cuando el niño comienza la escuela. Mary Eberstadt, en un artículo llamado «*Home Alone America*», escribe sobre los efectos perjudiciales en los millones de niños que están solos en su casa luego de la escuela. Dice lo siguiente: «No se puede considerar una coincidencia la relación que existe entre los niños que están solos en su hogar y la cantidad de problemas que se presentan en la infancia hoy en día»[7]. Uno de los efectos perjudiciales es el consumo de alcohol a edades cada vez menores, como lo demostró un estudio del 2002 que descubrió que 31% de los niños entre sexto y noveno grado toman alcohol cuando sus padres no están en casa[8].

Cuando tomamos decisiones acerca del trabajo y el cuidado de los niños, tenemos que hacerlo teniendo a nuestros hijos en mente. Algunas

Para honrarlo, para amarlo y ¡para que limpie!

escogerán trabajar porque es necesario desde el punto de vista económico. Para otras, significa un sacrificio económico permanecer en casa o trabajar medio tiempo, pero esto no es una sentencia para toda la vida. Siempre habrá tiempo para desarrollar una carrera más adelante. No es necesario vivir la vida toda de golpe; puede vivirse de a capítulos. Mi amiga Bonnie, médica de familia, eligió no trabajar durante tres años mientras su esposo completaba su internado en emergencia. Algunos podrían considerar que ella estaba desperdiciando todo su entrenamiento al permanecer en casa, pero ella no lo consideraba así. Ese era su momento de permanecer en casa con sus hijos, y ahora que ellos asisten a la escuela, ha regresado a su trabajo medio tiempo.

No estoy tratando de sugerir que todos los que eligen trabajar a tiempo completo están haciendo una mala elección o poniendo a sus hijos en el último lugar. Sé que la mayoría de las mujeres se ven en una encrucijada y toman tales decisiones a regañadientes. Sin embargo, aunque estés poniendo a tus hijos en primer lugar, quizá puedas estar desorientada acerca de si trabajar o no, ya que los niños no es lo único que entra en consideración. Analicemos en primer lugar las cuestiones financieras y luego nos dedicaremos a los otros factores.

¿Cuánto dinero es suficiente?

Cuando el tercer y último hijo de Tim y Nicole tenía nueve meses de edad, Nicole decidió regresar a trabajar. Ella pensaba que necesitaban el dinero para todas las cosas extra que deseaban para sus hijos, de modo que aceptó un trabajo de bajo salario en el área de correspondencia de un periódico. Ganaba $7 por hora y le pagaba $2,50 por hora a su hermana para que le cuidara a los dos hijos menores. También necesitaba pagar un segundo automóvil, meriendas, comidas fuera y ropa de trabajo. Además, los impuestos se llevaban una buena parte. Me sorprendería si ella llegaba a ganar más de $2000 al año, una vez hechas todas las deducciones.

Si trabajar es económicamente necesario, el *costo de trabajar* tiene tanto que ver como el salario que esperas traer a casa[9]. En algunas familias, esos $2000 pueden ser los que eviten que pierdan la casa. En tal caso, la decisión de trabajar será distinta que en las familias donde esos $2000 son la distancia que los separa del último modelo de videojuego. Es importante tener un cuadro preciso de lo que se va a ganar realmente antes de comprometerse en un estilo de vida al límite del agotamiento.

Si te confunden estas consideraciones económicas, la siguiente puede ayudarte a comprenderlo. Registra todos los posibles costos mensuales por trabajar. Incluye el cuidado de los hijos, ropa extra, viáticos, gastos de teléfono celular, tintorería y comer fuera porque no tienes tiempo de preparar la cena. Luego, nota la suma que ahorrarías por mes y fíjate en la diferencia.

Asunto	Cifra de ejemplo	Cifra de ejemplo
Cuidado de los hijos	$600/mes ($400 por un hijo a tiempo completo; $200 por otro hijo medio tiempo, que va al jardín de infantes)	
Viáticos	$200 cuota del automóvil $35 seguro $50 combustible $50 mantenimiento	
Café o meriendas compradas	$2/día x 20 días= $40	
Almuerzos fuera	$5/día x 6 veces al mes= $30	
Ropa para el trabajo	5 conjuntos al año o $40/mes	
Tintorería	$10/mes	
Comida comprada para la cena	$20 x 5/mes= $100	
Tecnología necesaria en el trabajo	$30/mes de teléfono celular	
Cosméticos	$20/mes	
Otros		
Gastos totales	**$1205/mes**	
Sueldo	$17/hora (35 horas/semana)= $2380/mes	
Impuestos y otras deducciones	$620/mes	
Sueldo neto	**= $1760/mes**	
Dinero neto que ingresa al hogar	**= $555/mes**	

El ejemplo imaginario de una mujer que trabaja, que exponemos en esta tabla, tiene un empleo como secretaria en la escuela donde cobra $17 la hora. No es un mal sueldo y ella está feliz de volver a trabajar. Manda a su hijo de dos años a la casa de una vecina que lo cuida todo el día por $25 al día, y a su hijo de cinco años medio día cuando no está en el jardín de infantes. La familia decidió que con su trabajo necesitarían un segundo automóvil y compraron uno usado a pagar en cuotas. Ella necesita presentarse bien vestida en su trabajo pero como ha ganado un poco de peso luego de tener a sus hijos, deberá comprarse varios conjuntos este año. Incluso necesita gastar más en cosméticos y en peluquería que antes.

La familia descubre que no parecen tener tanto dinero extra a fin de mes, aun cuando ella regresó a trabajar con un sueldo de $34.000 al año. Cuando haces las cuentas, el motivo salta a la vista. Si consideras todos los gastos, ella estará llevando a su hogar tan solo $555 por mes. Para expresarlo en términos más crudos, en vez de ganar $17 por hora, gana en realidad $3,96. ¿Vale la pena que trabaje si solo gana $3,96 por hora? ¿Y en cuanto a ti? ¿Cuánto vale tu tiempo? O, para decirlo de otra forma, ¿cuánto dinero necesitas para cubrir los objetivos familiares?

Mi amiga Barb está sinceramente tratando de responder a estos interrogantes. Ella tiene cuatro hijos de entre siete y doce años, y ahora que están todo el día en la escuela, a ella le gustaría complementar el ingreso de la familia. Incluso un poco de dinero extra les serviría para aliviar la presión económica. El problema es que ella ya se siente agotada por tanto trabajo y no está segura de la clase de madre que será si llega a estar incluso más agotada y enloquecida que ahora. Está tratando de definir cuánto tiempo necesitaría trabajar y si sería capaz de conseguir un empleo con un horario razonable. Antes de aceptar un empleo, haz lo que está haciendo Barb y considera en detalle todas las posibilidades. Asegúrate de que el trabajo contribuye con la estabilidad económica de la familia de manera significativa para que valga la pena trabajar.

Lo bueno es que las familias pueden aportar toda clase de respuestas creativas que les permitirá potenciar el tiempo que pasan con sus hijos. En algunas familias, la esposa trabaja mientras el marido permanece en la casa porque el sueldo de ella es más alto. Otras familias organizan de manera creativa sus agendas laborales, como trabajar en distintos turnos para que siempre uno esté en la casa. (El peligro de esto, por supuesto, es que los esposos nunca se ven). Hay otras familias que aprovechan la generosidad de abuelos y otros familiares para reducir el costo de una guardería. Algunas mujeres trabajan solo medio tiempo, lo suficiente como para mantener sus credenciales profesionales y ganar algún dinero mientras permanecen la mayor parte del día en su casa. Hay otras que inician negocios desde su hogar o se convierten en vendedoras de algún negocio de venta directa como *Tupperware* o *Mary Kay*. Varias mujeres de mi iglesia representan a estas empresas. Si bien podrían ganar más dinero con un trabajo de tiempo completo, eligen ganar menos y trabajar menos porque así ven cubiertas sus necesidades.

Luego tenemos el enfoque opuesto encarnado por Amy Dacyczyn, directora de *Tightwad Gazette*, quien declara que no es tanto el dinero que ella *gana* sino el que ella *ahorra*[10]. ¡Un centavo ahorrado es un centavo ganado! Si permaneciendo en casa puedes hallar maneras de ahorrar dinero a tu familia, ya sea al hacer las compras y cocinar, buscando ofertas o haciendo muchas cosas en casa en vez de comprarlas hechas, será como si tuvieras un empleo. Una vez que hagas los cálculos y hayas analizado las posibilidades, tendrás una idea más acabada de tu necesidad económica de trabajar. Ahora veamos las otras cuestiones.

¿Quién eres tú?

Para muchas mujeres, el dinero no es el tema principal al tomar la decisión de trabajar. Mi madre, asesora vocacional, hace poco se encontró con Cathy, una profesional muy desenvuelta de unos cincuenta años a quien le habían ofrecido excelentes condiciones para un retiro anticipado debido a que la empresa estaba en reestructuración. Aunque sus colegas morían por conseguir semejante oportunidad llovida del cielo, ella era reacia a aceptarla. En su hogar la trataban como si no fuera nadie. Esperaban que preparara todas las comidas, que limpiara, lavara y planchara la ropa y que se ocupara de los regueros de su hijo adolescente. En su trabajo se sentía respetada: solicitaban su opinión, tenían en cuenta sus consejos y se sentía importante. Ella no soportaba perder ese respeto que le prodigaban.

Muchas mujeres pueden identificarse con Cathy. Han estudiado por años y ahora pasan sus días hablando a media lengua con su bebé, aplastando bananas y lavando interminables pilas de ropa. ¡A nadie le interesa en lo más mínimo su cerebro! Si las observas con el cabello desordenado, sin maquillaje y restos de comida para bebé en su pantalón de buzo, jamás dirías que esa misma mujer podría adaptarse bien a un ámbito profesional.

Aunque yo tengo dos maestrías, gané varias becas y tengo más títulos que mi marido médico, todo el mundo se refiere a mí como «la esposa de Keith». Mi amiga Laurel y yo con frecuencia nos lamentamos de cómo nos menosprecian por no estar trabajando profesionalmente. Sentimos que estamos haciendo la tarea más importante del mundo, ¡pero nadie lo reconoce!

En parte, el motivo es que estar en casa parece ser espantosamente rutinario comparado con estar en el trabajo. La retribución laboral puede ser tangible, inmediata y muy atractiva. Esto no es así en el cuidado de los hijos. La sencilla razón es que los niños pelean, vomitan, lloran y desordenan y uno obtiene escaso respeto por ocuparse de estos problemas. En muchos sentidos es mucho más sencillo trabajar fuera que permanecer en casa y entretener a un pequeño de dos años. Mi amiga Kate confesó en cierta oportunidad: «Creo que permanecer en casa me volvería loca». Y Marjorie Williams, columnista del *Washington Post*, escribió que espera que algún día su hijo de cinco años comprenda que para ella «lo que hago en aquel escritorio es tan necesario para mí como la comida o el aire»[11]. Es más, las recientes estadísticas muestran que la mayoría de las mujeres que trabajan lo hacen no porque deban sino porque prefieren trabajar a estar en la casa[12].

En vez de enfrentar eso, elegimos trabajar. Me pregunto si Marjorie Williams sentiría que su trabajo es «tan necesario como el aire» si ella pudiera hallar una manera de reproducir en su hogar algunos de los beneficios que obtiene en su trabajo. Por ejemplo, si el trabajo te da contacto social, puedes asistir a un grupo de gimnasia o de juegos o a un estudio bíblico de mujeres. Si el trabajo te da una sensación de logro, puedes sumarte a una comisión de trabajo, organizar un grupo para conseguir fondos en la iglesia o en la comunidad o procurar una educación a distancia o en un colegio nocturno. Y si el trabajo te brinda estímulo intelectual, puedes leer el periódico, aprender una nueva destreza o iniciar una campaña política escribiendo cartas desde tu hogar. Incluso puedes ganar dinero desde tu casa (aunque sea en cifras reducidas) haciéndote cargo de un negocio que puedas manejar desde allí. Si deseas estar en tu casa pero temes no poder soportarlo desde el punto de vista psicológico, investiga las maneras como estas que pueden reemplazar algunos de los beneficios de trabajar fuera.

Presión de los pares

Aunque consigamos hallar otras maneras que cubran nuestras necesidades, puede que aún nos sintamos socialmente excluidas porque pareciera que todas las demás mujeres trabajan. No obstante, el Consejo de Investigación Familiar, ha señalado la falacia de esta percepción. «Mientras hoy los padres trabajan duro para atender a sus hijos personalmente, a veces con gran sacrificio y sin demasiado apoyo de la sociedad, los medios repiten y repiten hasta el cansancio que la norma actual es tener dos ingresos, lo que hace que estos padres se sientan que están solos en esto. No lo están. Son la mayoría silenciosa e irreconocida»[13]. Muchas mujeres, en especial si tienen formación académica, sienten que deben trabajar por varias razones: es lo que se espera que hagan; deben mantenerse al día; necesitan poner en práctica lo que estudiaron; necesitan sentirse realizadas; necesitan alcanzar su potencial. Las mujeres de clase social media alta son más proclives a trabajar que las que son de clase baja, porque eso es lo que se espera de ellas. Cuando todas las personas que conoces trabajan, hacer lo contrario te hace sentirte excluida.

Hay tres soluciones posibles a este problema: aprende a no ganarte el respeto solo a través de tu profesión; halla ese respeto estando en tu casa o búscate un empleo. No obstante, nunca deberías tomar la última opción antes que las otras dos. Preferir trabajar antes de plantearse de dónde debería venir tu respeto es muy peligroso. Podrías estar eligiendo trabajar por razones equivocadas, acumulando «tesoros en la tierra».

Halla respeto en tu casa

Puede parecer imposible, pero hay maneras de sentirte respetada mientras estás en tu casa. Nuestra valía no está en lo que somos, lo que hacemos y ni siquiera en quiénes somos; nuestra valía está en *de quién* somos. Cuando tratamos de hallar valor en otra cosa que no sea el sacrificio de Cristo, estaremos prestando oído a las mentiras. Todo el tiempo somos bombardeadas por mensajes de que nuestra valía está en nuestro empleo, o en el dinero que ganamos o en nuestra apariencia o en la ropa que lucimos. Sin embargo, si nos llamamos cristianos, debemos recordar lo que eso significa. Nos estamos identificando con Cristo, así como Él se identificó con nosotros al morir por nosotros. Olvidar eso es ignorar las ramificaciones de su sacrificio.

Desafortunadamente, basar nuestra identidad en Cristo puede ser difícil. Después de todo, nuestros esposos pueden decir que también tienen su identidad en Cristo pero además cosechan alabanzas de su profesión. Aunque afirmen no necesitar esa alabanza externa, de todos modos la obtienen. Considéralo de este modo: Quizá esta falta de reconocimiento sea en realidad una bendición encubierta. A lo mejor estamos en mejor condición porque nos vemos obligadas a apoyarnos más en Cristo. Aprendemos lo que significa depender de Él para nuestro aliento y reafirmación. ¡Qué maravilloso entrenamiento para la carrera que tenemos por delante!

John Patrick, médico y filósofo, cierta vez destacó en una conferencia que la recompensa celestial será mayor para quienes todavía no reciben su recompensa en la tierra. Él siempre recibe los elogios por su intelecto y por su habilidad para cautivar audiencias. Cree, sin embargo, que la pequeña y anciana dama que oró por él desde que era un niño, sin alharacas, recibirá una mayor recompensa en el cielo que la de él. Dios se la está reservando allá.

Trata de tener la visión eterna de tu propio valor. Si te cuesta hacer esto en el diario trajín, aquí comento algunas ideas que me fueron de utilidad:

- Que la Biblia sea lo principal en tu mente. Lee pequeñas porciones de los Evangelios todos los días para que puedas conocer tu valor en Cristo y no a los ojos de los demás.
- Lee libros acerca de la importancia de la maternidad. Asegúrate que has hecho la elección adecuada y elógiate por ello.
- Rodéate de otras personas en tu misma situación. En vez de conversar solo con amigas que tienen una profesión y que te hacen sentir envidia, únete o inicia un grupo de madres que están en casa y comparten los dilemas referentes a ser madre de tiempo completo.
- Sé «sal» en tu mundo. Usa el tiempo que tienes en casa para unirte a causas en las que crees. Puedes involucrarte y producir una diferencia comprometiendo mucho menos tiempo que con un empleo.

- Utiliza las técnicas descritas en este libro para asegurarte de que tu familia te trata con respeto por lo que has hecho por ellos.
- Ora que Dios te dé una visión para tu vida. Anota en un diario lo que crees que Él te dice y luego mantén esta visión frente a ti, especialmente en los días en que te sientes desanimada.

Si haces estas cosas, descubrirás que el respeto que recibirías en tu trabajo ya no lo necesitas. Luego, si decides trabajar, no será debido a una relación disfuncional en tu hogar ni debido a las presiones de la sociedad sobre lo que una mujer debería ser. Será porque tú lo decides y porque es parte del plan de Dios para tu vida.

Mi tía Alison es un perfecto ejemplo de esto. Es una anestesista talentosa a quien Dios bendijo con inteligencia y compasión. Cuando mis primos eran pequeños, ella deseaba hallar una manera de equilibrar el trabajo y la familia; de modo que abandonó el quirófano para dedicarse a la investigación dos días y medio por semana. Esto fue así durante veinte años, lo que le dio a ella la posibilidad de participar en todos los aspectos de la vida de mis primos. Y no solamente ella estuvo ahí para mis primos, sino que Dios la usó para que lograra adelantos importantísimos en cuestiones de investigación por lo que es mundialmente renombrada. Aún en la actualidad la siguen llamando de todo el mundo para que dé conferencias. Dios le dio dones y talentos, además de una visión sobre cómo podía conciliar estos dones con la atención de su familia. Él puede darte a ti también una visión para tu familia.

¿Necesito hacer mi parte?

Durante mi último año en la universidad cuando cursaba mi maestría en sociología, me reuní con mi supervisora para hablar de mi futuro. Esta mujer, una consejera que respeto muchísimo, ha realizado múltiples publicaciones sobre el trabajo femenino no remunerado (llamado tareas domésticas) y las contribuciones que este hace a la economía. Cuando le dije que mi esposo y yo habíamos decidido que yo renunciaría al doctorado porque deseábamos tener hijos, quedó alicaída. Mi supervisora pensaba que yo tenía un gran potencial intelectual y que no debía desperdiciarlo quedándome en mi casa.

Esto me resultó devastador; pero de cierta manera potenció mi resolución de permanecer en mi casa. Si esta mujer, que había dedicado su vida a enaltecer a la mujer que se queda en su casa, seguía considerando que esas mujeres estaban tomado una mala decisión, yo no quería ser parte de lo académico. Yo pensaba que la lucha feminista existía para darnos la elección de trabajar o de permanecer en el hogar, para luego hacer extensivas estas opciones a los hombres. En cambio, este movimiento tendía a etiquetar como inferior cualquier otra opción.

Esta etiqueta tiene ramificaciones en cómo los esposos y las esposas se sienten acerca de sus obligaciones financieras. En vez de que el dinero que el marido gana sea el «dinero de la casa», en una cuenta conjunta a nombre de ambos, muchos maridos y esposas tienen cuentas bancarias separadas y se espera que ambos contribuyan con los gastos de la familia. Aunque esta expectativa no esté por escrito, con frecuencia se considera que si la esposa no trabaja, ella no está contribuyendo. Es «su» dinero y él permite que ella viva a costillas suyas.

Del mismo modo que la revolución sexual liberó al hombre de la obligación de comprometerse con una mujer ofreciendo sexo sin matrimonio, la revolución de los géneros ha liberado a muchos hombres de sentir la obligación de sostener a su familia[14]. Después de todo, las mujeres solas con hijos se las arreglan para trabajar, ¿por qué no mi esposa?

Bill, nuestro esposo imaginario de la década del 1950 que mencionamos en el capítulo 2, jamás habría hecho semejante pregunta. Era su deber proveer para la familia; esa era su manera de mostrar amor a su esposa. Sin embargo, Rick, nuestro marido moderno, desea que Kathryn trabaje para poder mantener su estilo de vida, y Kathryn ha aceptado esta reinterpretación de su papel. Así como muchas mujeres aceptaron la revolución sexual como una liberación para su cuerpo, también las mujeres aceptaron esta revolución diciendo que libera su mente. De esa manera son capaces de alcanzar su potencial, de usar sus dones y hacer lo contrario es un desperdicio. Cualesquiera sean los beneficios de la revolución de los géneros en el lugar de trabajo (y con seguridad hay muchos), el impacto ha sido tremendo en las relaciones matrimoniales y en las expectativas[15].

Cuando un hombre y una mujer se casan, pasan a ser una persona en todo, incluso en las finanzas. Entonces, los únicos juicios importantes en referencia al dinero deberían ser aquellos que mejor ayudan a la familia a que esta glorifique a Dios. No obstante, muchas mujeres no se sienten cómodas con esta situación. Podría implicar que deben depender de sus maridos como sostén de la familia. Ser mantenida es ir contra la corriente y exige una gran confianza y humildad. Sin embargo, los beneficios podrían incluir que colocas tu confianza e identidad en Dios, en vez de ponerla en lo que haces.

Otras parejas tienen problemas porque él se adhiere a la idea de que ella debe ganarse su sustento. En vez de tener en cuenta el valor del trabajo que ella hace en la casa, lo único que parece interesarle es la cifra que aparece en el cheque de sueldo. Mi amiga Rachel sintió la necesidad de trabajar porque su esposo estaba siempre presionándola para que aportara algún dinero. Estaba cansada de sentirse culpable por gastar el dinero de él, una postura que él compartía. Aunque este es un problema de más difícil resolución, está con frecuencia basado en supuestos no mencionados. A veces creemos cosas sin siquiera haberlas pensado bien. Si consideras que deseas permanecer en tu casa, conversa con tu marido acerca de los beneficios de que uno de los padres esté en el hogar con los hijos. Explica tu razonamiento y elabora un presupuesto para demostrarle que es económicamente posible. Cuando hables de estos temas, es probable que él comience a compartir tu visión por la familia.

Tus hábitos

Nuestras actitudes hacia el dinero son una mitad de nuestro cuadro económico familiar, nuestras acciones son la otra mitad. Aquí nos referiremos a cómo colocar nuestros hábitos de consumo bajo el control de Dios, y cómo ajustarlo si nuestro marido no comparte esta visión.

¿Son responsables tus hábitos de consumo?

Mi amiga Diane, la que mencioné anteriormente, compra la ropa más costosa para sus hijos, los lleva con frecuencia a comer a McDonald's y, en general, gasta una suma considerable de dinero en ellos, aunque reconoce que gasta muy poco en ella misma. Su marido Ted, le da dinero todas las semanas para las compras y otras necesidades, pero nunca le alcanza. De manera que un día ella solicitó una tarjeta de crédito. Le contó a Ted de la tarjeta pero le aclaró que solo la utilizaría en caso de emergencia. Pronto había alcanzado el límite de consumo con ropa de *Disney* y de *Osh Kosh*, así que estaba en problemas. Luego de posponer la situación lo más que pudo, tuvo que confesarle todo a su marido y se armó una gran discusión.

Puede que Ted haya sido desconsiderado con Diane por cómo delegaba en ella toda la tarea del hogar; pero eso no era excusa para que ella también se comportara injustamente con él. Muchas veces ella reaccionaba con enojo porque él no le daba dinero suficiente para las compras y salía a comprarles ropa carísima a sus hijos. Ella le retrucaba por su tacañería castigándolo en el aspecto financiero. Al final, todos terminaban sufriendo.

Otras mujeres no gastan de más por venganza sino que lo hacen sencillamente por diversión, porque compiten con sus amigas o porque se sienten solas o aburridas. Cuando estoy deprimida, tengo que reconocer que comprarme un conjunto de ropa o algún cosmético es fantástico. Sin embargo, si derrochamos dinero cada vez que estamos deprimidas, podríamos terminar teniendo un ropero que se viene abajo de ropa que jamás usaremos y una deuda con la tarjeta de crédito que terminaremos de cancelar ¡cuando estemos jubiladas!

La responsabilidad con el dinero es crucial para la armonía familiar. Disminuye el estrés, reduce el conflicto marital, nos mantiene espiritualmente orientados y deja un grandioso ejemplo para nuestros hijos. He desarrollado un sistema de gastos que funciona bien en nuestra familia, tomado de varios libros de administración del dinero. Reconozco que jamás pude ajustarme a un presupuesto de ese tipo que uno dice: este mes gasté $41 en entretenimiento y $478 en víveres. Es demasiado restrictivo, consume mucho tiempo y, para mi forma de ser, resulta un poco maniático. Sin embargo, deseo asegurarme de ser responsable. Keith y yo nos sentamos un día y calculamos cuánto debíamos ahorrar para nuestra jubilación, cuánto para compras a mediano plazo (como un auto nuevo), cuánto para la hipoteca y servicios además de otros puntos no negociables. Lo que nos queda lo dividimos entre ambos. Divido mi parte en cuatro y ese es el dinero del que dispongo por semana. Si quiero gastarlo todo en el almacén, puedo hacerlo; pero si quiero ahorrar un poco en esa semana y gastarlo luego en una prenda de vestir a la semana siguiente, también puedo hacerlo sin sentirme culpable porque lo esencial ya está cubierto.

Cómo vivir con un avaro

Cuando Ester y Roberto eran recién casados, eran los típicos estudiantes muertos de hambre. Ester trabajaba para mantener a su marido mientras este completaba su doctorado, pero tenían muy poco para gastar. Roberto pensaba que debían eliminar todo gasto superfluo, y según él eso incluía el lápiz labial que a Ester le gustaba comprar de vez en cuando para levantarse el ánimo. Al mismo tiempo, él consideraba que era plenamente justificable gastar dinero en libros, ya que los necesitaría en su futura profesión, aunque vagamente se relacionaran con su especialidad. De modo que mientras Ester no podía gastar noventa y nueve centavos en un lápiz labial, él podía gastar diez veces más en libros.

Lo interesante del caso es que, por supuesto, era Ester la que ganaba el dinero, pero seguía sintiendo que no podía opinar sobre cómo debía gastarse. A otras familias les sucede lo mismo aunque puede ser que los papeles estén invertidos. Rachel se lamentaba de que su marido gastara dinero en jugar al golf mientras a ella no se le permitía hacer nada divertido. Él trabajaba toda la semana y necesitaba un descanso, según él. Ella descansaba toda la semana.

¿Qué puedes hacer si tu marido es irresponsable con el dinero, ya sea porque lo gasta con liberalidad o porque se niega a que dispongas de algo para ti? A estas alturas ya te habrás acostumbrado a mi ruego de permitir que el amor reine en tu matrimonio, un amor que no mantiene un registro de errores. Recriminarle sus ideas en cuanto a cómo se usa el dinero es antibíblico e incrementa la amargura, lo cual puede matar el afecto. Con todo, tendrás que hallar una manera de protegerte y de proteger a tus hijos si tu marido no te da dinero suficiente.

No soy fanática de un presupuesto ajustado, sobre todo porque nunca pude atenerme a uno. Muchos hombres, como Roberto, no se preocupan en sí por las frivolidades pero sí por su situación financiera. En vez de desarrollar un presupuesto, deciden vivir con el lema de «no gastar en cosas tontas» (aunque la definición de «tontas» queda siempre a su cargo). Al sugerirle a tu marido que tengan un presupuesto, le haces saber que estás de su lado, que tú también te has propuesto mantener la solvencia familiar y que tú también descas ser responsable. ¡La mayoría de los hombres aceptan esto de buen grado!

Piensa en cuáles son tus gastos «no negociables», como las cuentas que debes pagar todos los meses, cuota del automóvil, de la casa, los impuestos, servicios, ahorros y otros. Luego, siempre y cuando cumplan con las obligaciones mensuales, considera que el resto es «negociable». Determina cuánto les queda y divídanlo entre ambos. Por ejemplo, si les quedan $800, puedes solicitar la mayor parte si eres la encargada de las compras de comida, ropa y demás enseres domésticos. Si te ajustas a tu presupuesto y él lo hace al suyo, no tienes que preocuparte de si él juega al golf, ni él de si tú compras un lápiz labial. Ambos viven dentro de sus límites y están siendo responsables, y tú no tienes que sentirte contrariada porque él gasta un dinero que no te permite gastar a ti.

Si, por el otro lado, tu problema es que él gasta el dinero de manera indiscriminada y usa la tarjeta de crédito, entonces tienes un problema mayor. Si tu marido no está dispuesto a dedicar dinero para asegurar la estabilidad económica de su familia, deberás hacerte cargo. Puedes usar un poco del dinero asignado para la semana para ropa y alimentos y ahorrarlo, tal vez en una caja de ahorros o algo por el estilo. Entonces, si alguna vez te encuentras abrumadas por las deudas o necesitas dinero en un apuro, puedes recurrir al fondo de emergencia.

Algunas familias, sin embargo, necesitan algo más drástico. Si los hábitos al gastar, los tuyos o los de él, los han endeudado y no pueden pagar, solicita ayuda antes de que las cosas empeoren. Muchas iglesias tienen consejeros en finanzas cristianos que pueden ayudarte y la mayoría de las ciudades tienen consejeros de crédito. Si puedes tragarte el orgullo, ellos pueden ayudarte a poner en orden tu economía y, al mismo tiempo, te estarán quitando un enorme peso de encima.

¿Conoces la situación financiera de tu familia?

Si tu marido muriera hoy en un accidente, ¿sabes dónde está su testamento? ¿Sabes dónde están los estados de cuenta de la jubilación, del banco o cómo pagar la tarjeta de crédito? ¿Conoces la diferencia entre una acción, un bono y un fondo de inversión? ¿Sabes lo que tienen? ¿Sabes lo que deben? ¿Conoces el plan de tu familia para asegurarse estabilidad económica?

Si la respuesta a alguno de estos interrogantes es no, podrías estar en serios problemas. Muchos hombres se hacen cargo del aspecto financiero de la familia y lo disfrutan, porque sienten que de esta forma cumplen su papel como proveedores. Sin embargo, es importante que sepas cómo hacerlo aunque no lo hagas habitualmente. Seamos sinceras: es fácil dejarle todo esto a él para no tener que pensar en ello. ¡Pero eso no es ser responsable! En tiempos de crisis estarás más segura si sabes cómo ocuparte de las finanzas de la familia. Y si estás al tanto del plan financiero que tiene tu esposo, podrás participar con mayor facilidad. Tal vez tienes alguna buena idea sobre cómo ahorrar dinero y jamás la mencionaste porque no sabías cuán poco dinero hay en reserva para pagar los estudios de tus hijos. Ser consciente de tu situación económica te ayudará a acompañar a tu esposo en esto y a proteger la estabilidad económica.

¿Le devuelves dinero a Dios?

El último tema de conflicto potencial no se genera alrededor de si es el dinero de ella o de él, sino de cuánto es de *Él.* ¿Se han propuesto como familia a separar dinero para Dios? He hablado con esposas que hubieran querido ser más generosas con su dinero pero sus maridos no estaban de acuerdo. No querían «desperdiciar» el dinero de la familia en ofrendas.

Sé lo que dice la Biblia acerca de separar el diezmo primero, pero cuando tu esposo no comparte los mismos valores, otros versículos pasan a ser prioritarios. Necesitas proteger tu matrimonio, de modo que no hagas cosas por la espalda, aunque te parezca que es «lo correcto». Es una deshonestidad y siembra conflicto.

Por supuesto que no te verás impedida de diezmar sobre el dinero que está en tus manos. Si decidieron que cierta cantidad de los ingresos es para ti, para cubrir los gastos de la familia, puedes decidir que pondrás algo aparte. No lo hagas en secreto. Demuéstrale que puedes arreglártelas para hacer ambas cosas y puede que a él no le importe; y Dios te bendecirá por ello. De todos modos, no creo que Dios exija que pongas en peligro tu matrimonio a causa del diezmo. Que ames y aceptes a tu marido, y que ores (especialmente esto) será el mejor camino para que él se abra a la gracia que Dios derrama sobre los que son generosos.

El dinero es un tema denso que ocasiona dificultades a casi todos los matrimonios. Sin embargo, como en todos los problemas, la respuesta está en mantener nuestras actitudes semejantes a las de Cristo y actuar de una manera responsable. Si consideramos al dinero de la manera en que Dios lo hace, las decisiones acerca del trabajo, de los valores y de la manera de gastarlo serán mucho más sencillas. El dinero dejará de tenernos en sus garras y eso permitirá que Dios nos sostenga más cerca de Él. Al acercarnos a Dios, los problemas de dinero disminuirán.

Prueba rápida de la realidad

¿Cuáles son tus actitudes hacia el dinero? ¿Sientes temor del futuro? ¿Se te antojan más y más cosas? ¿Te sientes poco importante si no estás trabajando? Enumera los cinco sentimientos principales que tienes hacia el dinero. ¿Son piadosos? Si no lo son, pide a Dios que transforme tu corazón.

Profundicemos

1. Si batallas con preocupaciones económicas de cualquier tipo, intenta meditar en lo que la Biblia dice acerca del dinero. Usa los versículos mencionados en este capítulo y dedica un tiempo a meditar en 1 Timoteo 6 y Mateo 6, que hablan sobre cómo desarrollar buenas actitudes hacia el dinero.
2. ¿Estás siendo responsable con tu dinero? Lleva un pequeño registro durante esta semana que te permita distinguir tus hábitos de consumo. ¿Hay esferas que podrías mejorar?
3. Si trabajas fuera de tu casa, ¿cuáles son los beneficios que obtienes de tu trabajo? Si deseas permanecer en tu casa pero temes perder esos beneficios, ¿de qué otras maneras podrías ver cubiertas estas necesidades fuera de tu trabajo?

Capítulo 10

Dispuesta

Son las diez de la noche. Por fin se acaba de dormir tu bebé. Recién terminas de limpiar la cocina que parecía haber sido arrasada por un huracán más que por tres niños de menos de seis años. Hay ollas que llevan dos días en remojo, pero no tienes las energías para fregarlas. Una noche más no le hará daño a nadie.

Te arrastras escaleras arriba mientras observas los juguetes que están desparramados en la sala. No se nota para nada que los niños habían recogido un rato antes. Con un suspiro, te colocas el pijama de franela, das un último vistazo a los niños y decides caer desmayada en la cama.

Sin embargo, antes de que apoyes la cabeza en la almohada, tu esposo que ha pasado más tiempo con sus papeles que conversando contigo, te intercepta. Ya conoces esa mirada. Él no está interesado en el afecto sino en la acción. Permites que te bese unos instantes pero al final le dices: «Te quiero, mi amor, pero estoy cansadísima ¿sabes?». Esperas poder evitar la pelea que viene en consecuencia, cuando él te acusa de que jamás te interesas en él. Tú no deseas cargar con algo más sobre tus hombros cuando has estado lidiando con otros que lloriquearon y se colgaron de ti durante todo el día. Solo deseas dormir.

¿Te suena conocido? Es difícil mantener una relación sexual saludable cuando la vida de ambos es tan agotadora. Las excesivas demandas conspiran para robarte el deseo de concentrarte en él. Y cuando se pierde la intimidad marital, todos sufren. No se sienten que son uno sino que parecen ser dos facciones antagónicas con intereses contrapuestos en los que alguien siempre termina perdiendo. Los niños perciben la tensión y se preguntan por qué. Pueden pensar que ellos han hecho algo malo o que la distancia emocional en el matrimonio es algo normal. Este último capítulo trata acerca de hasta dónde hay que llegar para hacer que nuestra familia sea un lugar satisfactorio y provechoso donde todos se sientan valorados: la relación matrimonial y las posibilidades y los desafíos que posee la intimidad. Si bien la lucha de la mayoría de las lectoras es que no tienen deseos sexuales con la misma frecuencia que sus maridos, otras podrán tener el problema inverso, que trataremos al final de este capítulo. Para las que ansían un baño de espumas *a solas* (quizá con algunos bombones), aquí va una estrategia para aumentar el deseo de tener más encuentros románticos.

Cambia tu actitud hacia la intimidad

Podrá sonar como una generalización, pero aún no he hallado la pareja que no viva esta tensión: ella hace el amor porque se siente amada y él hace el amor para sentirse amado. En otras palabras: cuando ella no se siente amada, lo menos que desea es hacer el amor; pero cuando él se siente distanciado, lo que más desea es hacer el amor porque de esa manera lo soluciona todo. Parece la receta para un desastre, ¿no es verdad?

Si tu marido no te trata con respeto ni te ayuda a llevar adelante la casa, es terriblemente difícil ponerse romántica cuando se apaga la luz. Estás cansada. Trabajaste demasiado. Él no te aprecia ni ayuda con los niños. Tienes muy poco tiempo libre. Lo único que deseas es que te dejen tranquila.

¿Sabes qué? Es probable que tengas perfectos motivos. La mayoría de las mujeres luchan con estas tensiones. Él no tiene el derecho de esperar que hagas el amor cuando él no colabora en la casa y ni siquiera hace el intento de cortejarte. Sin embargo, aquí me pondré controvertida. ¿Y qué? ¡Sí, tienes razón! Pero tener razón no necesariamente te ayudará a ser feliz ni a formar una pareja más unida. ¿Acaso tener la razón aliviará las tensiones en tu casa? ¿Acaso rejuvenecerá tu alma? Quizá sientas que ganaste porque tienes razón, pero ¿a qué precio?

Aunque sé que es difícil, quiero exhortarte a que hagas algo: deja de lado tu necesidad de tener la razón y solo ámalo. Esta es la mejor estrategia por muchas razones: estaremos poniendo en práctica el amor que se nos pide que manifestemos; reduciremos la tensión y casi te garantizará que tu matrimonio será mejor. Y cuando el matrimonio está mejor, él tiene mejor voluntad hacia ti y estará más dispuesto a ayudarte con las cosas que te molestan. Es mucho más sencillo hablar de lo que te preocupa con un marido que te aprecia que con uno que está amargado.

No abrigo la ilusión de que esto sea sencillo. Y si tienen un desacuerdo específico, es probable que deban resolverlo antes de que sea posible la intimidad. Sin embargo, si se trata de algo crónico, y puedes hallar la manera de pasarlo por alto y abrazar la intimidad, descubrirás que estarás resolviendo uno de los problemas que te molestaban. Él se sentirá más generoso hacia ti y tu visión general del matrimonio mejorará notablemente.

Basta ya de amargura

La amargura extrae todo sentimiento afectuoso que puedas tener, y debes eliminarla si deseas revivir esas relaciones. Esto es terriblemente difícil y exige grandes dosis de humildad. Sin embargo, piensa esto: ¿Cuándo eres más feliz? Quizá cuando te sientes más cerca de tu esposo, ¿no es cierto? ¿Está tu amargura interponiéndose? Entonces es hora de quitarla de ti. Algunas tenemos más amargura que otras. Algunas puede que no sintamos amargura contra nuestro esposo pero sí contra el curso de nuestra vida porque contamos con escaso tiempo para hacer lo que deseamos. Cualquiera sea la causa de la amargura, debemos arrancárnosla.

En el mismo capítulo de la Biblia donde Dios nos dice que nos despojemos de toda carga, también dice lo siguiente: «Asegúrense de que nadie deje de alcanzar la gracia de Dios; de que ninguna raíz amarga brote y cause dificultades» (Hebreos 12:15). La amargura causa dificultades en nuestro matrimonio. Hace que no alcancemos la gracia de Dios. Cuando estamos amargados, nos ponemos en una postura de superioridad moral y cargamos los pecados de los demás. ¿Cómo puede la gracia alcanzarnos si estamos tan seguros de no necesitarla? En cambio, Dios nos recuerda que los humildes heredarán la tierra. Dios levanta a los que en vez de concentrarse en las faltas de los demás, ven las propias con humildad.

Algunas llevan cargas pesadísimas de amargura quizá causadas por la infidelidad. Sacarnos esa amargura será difícil y quizá necesites ayuda. Y revivir la intimidad puede que no siempre sea posible (y hasta puede que no sea conveniente). Sin embargo, siempre que podamos, si podemos quitar toda raíz de amargura, mejoraremos nuestra capacidad de conectarnos de alguna manera.

Basta de quejas y reclamos

Considera cuántas veces te has visto en la siguiente situación: estás con un grupo de amigas y una de ellas relata una anécdota graciosa sobre la vez en que debió salir y su esposo tuvo que vestir a los niños. Puedes imaginarte lo engorroso de la situación. Hizo que su hija saliera a la calle con pantimedias y una camiseta larga pero sin pantalones, o le puso el vestido al revés porque pensó que los botones siempre van en la espalda.

La conversación entonces gira en torno al relato de la peor anécdota de cada marido y termina en la queja de que los hombres no comprenden todo lo que hacen las mujeres. Lamento tener que reconocer que he participado de muchas conversaciones en las que el centro ha sido cómo fallan los hombres cuando tienen que hacerse cargo de las tareas domésticas.

Con frecuencia estas conversaciones son en tono de broma y no pretenden ser una expresión de disconformidad. Pero el problema es el siguiente: tú piensas en aquello de lo que hablas. Y si estás siempre hablando de la ineptitud de tu marido, comenzarás a fijarte en las cosas que él hace que confirmen esa percepción. En vez de darte cuenta que anoche él se comportó de manera particularmente dulce con tu hijo, te detendrás en el detalle de que no levantó su plato a la hora de la cena. Y si participas demasiado en esta clase de conversaciones, estarás alentando a las demás mujeres a que pongan también en peligro su matrimonio.

Hace poco leí que Catherine Marshall, una mujer con una fe profunda, se sintió culpable ante Dios por criticar demasiado. Su reacción fue dejar de plano de decir cualquier cosa que fuera emitir juicios. Se asombró por lo poco que habló el primer día. Comenzaba a hacer un comentario y de repente se detenía. Sin embargo, enseguida comenzó a suceder algo asombroso. Cuando dejó de criticar, se dio cuenta de las cosas buenas que hacían los demás. Comenzó entonces a escribir notas de aliento. Su carácter se volvió mucho más ligero y tranquilo[1].

Dejemos de lado nuestras críticas, aun las que hacemos en broma, porque pueden convertirse en uno de los mayores pesos que nos detienen en nuestra carrera.

Basta de hablar con gente venenosa

Si alguien te envenena, evítalo. Salomón dijo: «Mantente a distancia del necio, pues en sus labios no hallarás conocimiento» (Proverbios 14:7). Todos conocemos personas que por su forma de ser, nos dejan enojadas, deprimidas o llenas de envidia cada vez que nos encontramos con ellas. Si andar cerca de alguien hace que pienses cosas negativas, es hora de reconsiderar el tiempo que pasas junto a esa persona.

Si tienes una amiga que siempre se queja de su marido, o que se la pasa burlándose del tuyo, quizá sea hora de que reconsideres esa amistad. Mi amiga Susan tenía una madre así. Mónica, la madre de Susan, jamás aceptó la elección de pareja de su hija. Para Mónica, Geoff jamás estaría a la altura de las circunstancias. Se lo dijo a Susan muchas veces antes de que se casaran y luego los visitó en diversas oportunidades para fijarse en todas las cosas que Geoff debía de estar haciendo para hacer del hogar de Susan un sitio habitable. Cuando nacieron los hijos, la madre de Susan llamaba todos los días para preguntar en qué la estaba ayudando Geoff. Le decía cosas como: «Susan, te oyes cansada. No hay manera de que puedas con los niños si Geoff es tan insensible. Será mejor que los dejes conmigo una noche. Necesitas un descanso». Día tras día le decía a Susan que Geoff debía cambiar o el matrimonio terminaría destruido.

Mónica era venenosa para ese matrimonio. No solamente abrió una brecha entre Susan y Geoff, sino que también le hizo creer a ella que no era capaz de criar a sus hijos. No es sorprendente que Susan terminara dejando a su marido con la excusa de que Geoff no era suficiente bueno para ella.

Geoff no era lo que uno llamaría el marido ideal. Pasaba mucho tiempo con sus amigos y poco tiempo apoyando o ayudando a Susan. Sin embargo, esa madre en vez de alentar a Susan para que hiciera lo posible por conseguir que su matrimonio mejorara, lo único que hacía era largar una letanía de críticas sobre su marido que lo alejaron aun más.

Es difícil separarse de la gente venenosa, en especial si son tus propios padres u otros miembros de la familia. Sin embargo, necesitas estar libre para ocuparte de tu matrimonio sin que haya otras personas que envenenen tu mente en contra de tu marido. Hay una excepción importante: en el caso de que él esté abusando de ti puede que no seas capaz de reconocerlo por ti misma y puedas necesitar que otros te pongan sobre alerta. Excepto en caso de abuso, es mejor eliminar las influencias que interfieran en tus relaciones con tu esposo.

Proponte amarlo

Ahora que has dejado de lado los pensamientos negativos, es hora de alentar los pensamientos positivos. Los principios de reconocimiento y dedicación incluyen que te propongas amar a tu esposo aun cuando él siga siendo como es. Dejar de lado el sueño del esposo ideal que trae flores a la casa y dirige equipos de béisbol puede ser difícil. No obstante, si lo que soñabas no te permite ver las cosas buenas que él hace, olvidar el tema es lo mejor que puedes hacer por tu matrimonio.

Las personas casadas son más sanas, más felices y más ricas que las que no lo son, y a sus hijos les va mucho mejor en la vida. Una de las mejores inversiones que puedes hacer para tu bienestar futuro, y el de tus hijos, es construir un matrimonio mejor. Mantén los ojos abiertos a las cosas que puedes respetar y admirar en él. Hace cincuenta años, se apreciaba a un hombre sencillamente por el sueldo que llevaba a la casa. Era una gran cosa proveer para su familia. Hoy en día, eso se considera casi sin importancia. Es difícil para el hombre vivir a la altura de las muchas cosas que se espera de ellos. Es hora de mirar las cosas que nuestros esposos hacen y de descubrir aquellas por las que podemos agradecerles. Los hombres reaccionan muy bien ante el reconocimiento; no así ante la crítica.

Hace poco, nuestros amigos Derek y Lisa nos vendieron su automóvil a través de una agencia de autos que hizo de intermediaria. En el proceso, el vendedor cometió serios errores cuya consecuencia fue que debíamos pagar $1000 más de lo acordado. Esto elevó mi presión sanguínea. Sin embargo quedé encantada cuando Derek y Keith le expresaron con firmeza al vendedor lo que estaban y lo que no estaban dispuestos a aceptar hasta que el vendedor terminó cediendo. Cuando hablábamos del tema más tarde, Lisa y yo coincidimos en que era fabuloso no tener que preocuparnos por esa clase de cuestiones porque nuestros esposos estaban siempre dispuestos a defender a sus familias.

A veces, cosas sencillas como estas, es todo lo que necesitamos para recordar lo bueno que es estar casadas. Apreciamos la manera en que ellos cuidan el aspecto económico, o luchan por conseguir el mejor negocio o respaldan a nuestros hijos cuando llaman de la escuela diciendo que hay problemas. Piensa en todas las razones por las que estás contenta de que haya un hombre cerca para hacer las cosas que tú tratas de evitar. Si cada vez que notas algo así se lo dices, ¡él se sentirá enaltecido!

Poner por escrito algunas de estas reflexiones pueden serte de ayuda en el futuro. Confecciona un diario en el que registres las cosas de tu esposo por las que te sientes agradecida. Trata de anotar una o dos cosas que él hizo hoy que te gustaron, aunque te cueste descubrirlas. Si te concentras en las cosas positivas que él hizo en vez de en las negativas, tu impresión acerca de él va a cambiar.

Proponte enamorarlo

Considero que es muy agotador ser hombre. De veras no lo comprendo, pero sé que cada tantos días los hombres tienen una necesidad biológica de tener relaciones sexuales (aunque el deseo sea a todas horas). No importa lo que suceda a su alrededor, ellos lo sienten. Entonces, tienen que buscar la manera de que su esposa también quiera tenerlas. Ahora bien, lo último que queremos hacer es enamorarlo. ¿Por qué habríamos de hacer que se interese en la relación sexual más de lo que está? Permíteme sugerir algunas razones.

La relación sexual refuerza tu matrimonio

La relación sexual es la única cosa que diferencia tu relación matrimonial de todas las demás. Tenemos otras relaciones en las que nos aman de manera incondicional, como la de nuestros padres o nuestros hijos. Podemos compartir nuestros sueños y esperanzas con nuestros amigos y nuestras luchas con consejeros. Podemos vivir con compañeros de cuarto. Pero solo podemos hacer el amor con nuestro esposo. En el proceso, reafirmamos que estamos casados y comprometidos el uno con el otro durante toda la vida. Si dejamos este aspecto a mitad de camino, estaremos diciendo que no hay nada especial en nuestras relaciones. Él puede ser el amiguito con el que conversas, el compañero de cuarto con el que compartes el alquiler o el padre que provee para la familia. Y cuando tu matrimonio baja de categoría de esta manera, toda la familia estará en riesgo. Ambos se sentirán atraídos a buscar a otro que cubra esa necesidad, ya sea sexual o emocional. Es difícil proveer un frente unido de liderazgo espiritual a tus hijos cuando ustedes no están unidos en otro sentido.

Puede haber ocasiones, como durante la enfermedad, en que la relación sexual es imposible. Dado este caso, la relación no necesariamente tendrá que sufrir debido al compromiso emocional que ambos hicieron. Sin embargo, cuando rechazamos de manera rutinaria la reafirmación de que somos uno, creo que esa unión se ve amenazada. Por ese motivo Pablo advierte que no debemos negarnos por mucho tiempo, y que debe ser solo en situaciones en que sea de común acuerdo (1 Corintios 7:5). Él no dijo esto porque esperaba que las mujeres consintieran todo deseo de su marido; sino que deseaba que preservemos nuestra relación matrimonial, que de manera continua reafirmemos su calidad de única, preciosa y exclusiva.

La intimidad que experimentas luego del acto sexual es nutritiva y vital para sus relaciones

Si no mantenemos relaciones íntimas con cierta frecuencia, nuestras relaciones sufrirán. Dios designó las relaciónes sexuales como la manera de que un esposo y una esposa se conecten. Y sucede algo de tipo espiritual cuando lo hacemos. Por eso Él dice que el acto sexual hace que seamos una sola carne y por eso también nos advierte en contra de la promiscuidad. Pocos estaríamos en desacuerdo en que cuando nos conectamos con nuestro esposo, nos sentimos más cerca de él y más felices que cuando no.

No obstante, para algunas puede que no sea así. Quizá estés teniendo problemas sexuales debidos al pecado, a problemas físicos o a lo que consideras exigencias inadecuadas. En este caso, recomiendo la lectura del libro *Great Sexpectations* de Rosemary y Roger Barnes. En el libro tratan varios de estos temas[2]. Para el resto, aquí va una guía para hacer que tanto tú como él tengan ganas.

Estimula tu apetito

Aunque hayas decidido que deseas tener intimidad con mayor frecuencia, ¿cómo haces para tener deseos? Para una mujer no es tan sencillo como para el hombre, dado que no estamos biológicamente programadas para necesitar del sexo con tanta frecuencia y no nos estimula tanto lo visual como lo emocional. ¿Podemos cambiar nuestras emociones?

Creo que podemos en cierta medida, dado que las emociones surgen de lo que pensamos. Con frecuencia se dice que el mayor órgano sexual es la mente. Si decides sentirte seductora y tener intimidad, y si luego preparas la escena para ello, es más probable que lo desees. Algunas sugerencias para iniciar el proceso:

Satisface algunas de tus necesidades emocionales

Con frecuencia el motivo por el cual no queremos hacer el amor es porque deseamos otra cosa en vez de eso, por ejemplo tiempo a solas. Por la noche, luego de acostar a los niños, quizá sea el único momento que tenemos para nosotras mismas. Si necesitamos para nosotras esa media hora previa a caer desmayadas en la cama, difícil es que queramos hacer el amor. Procura hallar otros momentos en el día para estar sola y tranquila o para otras actividades rejuvenecedoras.

Haciendo uso de la agenda que sugerimos antes, procura satisfacer algunas de tus necesidades emocionales e intelectuales durante el día. Contrata a una niñera por dos horas de modo que puedas salir y hacer algo que te divierta. O solicítale a tu marido que se ocupe de acostar a los niños mientras tú te relajas tomando un baño de inmersión, lees una novela o tan solo descansas un poco. Halla la manera de satisfacer estas necesidades fuera del único momento que podrías tener para la intimidad.

Prepara el ambiente

Otra necesidad de las mujeres es el romanticismo. Deseamos preparar el ambiente antes de hacer el amor para que el aire esté impregnado de seducción. Es una lástima que muchos hombres no comprendan la importancia de esto. En *Great Sexpectations*, Robert y Rosemary Barnes relatan la historia de Nancy. Ella estaba cansada de esperar a que su esposo Larry fuera romántico, de manera que ella misma se ocupó de suplir esas necesidades. Si quería que en la casa hubiera flores, las compraba. Si quería una música suave, se ocupaba de elegir el CD y ponerlo en el equipo en vez de esperar que él la sedujera de esa forma[3]. Si te importa mucho que haya velas en la mesa, ponlas y enciéndelas. Piensa en las cosas que te hacen ponerte romántica y asegúrate de que esas necesidades sean cubiertas, aun cuando él no les preste atención. Con el tiempo, si él observa lo importante que es eso para ti, puede que comience a hacerlo él mismo. Pero hasta entonces haz lo que necesites hacer para preparar el ambiente para la seducción.

Sueña con él

Los preliminares de la intimidad pueden ser tan sensuales como el acto mismo; y si lo es, el acto sexual será mucho más significativo para ti. Trata de fomentar el deseo desde la mañana, mucho antes de que él llegue. Ponte lencería especial debajo de tu ropa «de madre». Piensa en distintos escenarios en los que te gustaría tener un idilio con él. (Asegúrate de que sean imágenes en las que tú preparas el ambiente. Si sueñas con que él sea el que tome la iniciativa y haga determinadas cosas y luego no las hace, te sentirás decepcionada). Procura que la cena y el ritual de ir a la cama sean breves para que puedan estar a solas. Pon música suave. Susúrrale al oído frases eróticas y ponlo al tanto de tu secreto. Cuanto más sueñes y planifiques (en vez de esperar hasta las 10:30 de la noche para ver si tienes o no ganas), más probable será que te sientas motivada al romanticismo cuando llegue esa hora.

Estimúlale el apetito

Preparar la escena desde el aspecto emocional es crucial porque los hombres no desean mujeres que estén *dispuestas* a tener relaciones sexuales; ellos quieren mujeres que *deseen* tener relaciones sexuales. Hay una gran diferencia. Quizá pienses que estás accediendo con bastante frecuencia de modo que él no tiene de qué quejarse. Sin embargo, si él tiene la sensación de que no estás poniendo tu corazón ni tu alma en ello, puede sentir que falta algo, como una verdadera intimidad.

Otras mujeres pueden tener el problema contrario. Ellas están más que dispuestas pero sus maridos no parecen interesados. Puede que les interese más su trabajo o que estén tan ocupados que parezcan haber perdido interés en las relaciones sexuales. Si padeces alguno de estos problemas, es hora de comenzar una aventura amorosa con tu marido.

Cuando estaban de novios, ¿ponías atención a tu apariencia? ¿Intentabas resultarle atractiva poniendo atención a tu ropa y tu peinado? Lo más probable es que lo hicieras. ¿Lo sigues haciendo? Lo más probable es que no. No tienes necesidad de atraerlo porque ya lo tienes. ¿Y quién tiene tiempo para eso? Pero hay que reconocer que los hombres reaccionan al estímulo visual. Les gusta que nos vistamos para ellos. ¿Y cuánto desearías hacer el amor si te pones un camisón de franela en vez de uno de seda? Si no crees que luces seductora tampoco te sentirás así.

Mi esposo y yo nos reímos de que si el misterio es la clave para ser sexy (por ejemplo: una mujer con un conjunto sensual es más sexy que si está desnuda, debido a que hay algo oculto) entonces mi *misterioso* camisón de franela debiera ser lo más sexy del mundo ya que deja *todo* librado a la imaginación. Por supuesto, lo opuesto es cierto. Un poco de misterio es bueno; mucho es demasiado.

Otro problema que con frecuencia enfrentan las parejas es que *todo* el misterio se ha ido. Cuando estaban de novios, él tenía que buscarte. Ahora tú estás allí para él todo el tiempo. Si bien se puede forjar una relación maravillosamente íntima cuando pasan mucho tiempo juntos, para muchas parejas no funciona así. Si tú siempre estás allí, disponible cada vez que él desea conversar y, de hecho, presionándolo para que converse contigo, es probable que él se sienta más acosado que apreciado. Le parecerás desesperada, algo que seguramente lo hubiera espantado en la época en que eran novios.

No hagas que tu vida gire por completo en torno a él. Si no hablas con otras personas, no socializas con otros ni sales a ningún lado si no es con él, no hay misterio en esa relación. En vez de ser una amante, te conviertes en una obligación porque lo presionas a que esté todo el tiempo contigo. Por esa razón tienes que tener tu vida. Dios te creó única. Está bien que desarrolles tus dones, que dediques tiempo a lo que te interesa, a tu pasatiempo preferido y que expandas tus horizontes. Él no tiene que ser toda tu vida y lo más probable es que no quiera serlo. Procura satisfacer algunas de tus necesidades por ti misma, de manera que cuando estén juntos, él pueda verte como a un igual en vez de como alguien que siempre está exigiendo algo. Con esto no quiero decir que tengas que salir con tus amigas todo el tiempo; pero sí que consultes con Dios dónde deberías invertir el tiempo y la energía que él te ha dado en vez de esperar que tu esposo llene el espacio.

Alimenta la amistad

Puede parecer extraño que hablemos de amistad luego de haber hablado de relaciones sexuales. Después de todo, ¿no debemos ser amigos íntimos antes de hacer el amor? Sin embargo, creo que en los matrimonios la intimidad sexual con frecuencia se presenta primero. En muchos casos nuestro esposo necesita del sexo para sentirse más cerca de nosotras. Entonces, una vez que se siente cerca, se siente más relajado y más dispuesto a explorar otras formas de fomentar la relación. En Cantares, la sunamita declara luego de una profundización en sus relaciones: «Tal es mi amado, tal es mi amigo» (5:16). La parte de la amistad, esa relación más profunda, viene luego.

Si sugieres que encuentren formas de estar más unidos como pareja mientras al mismo tiempo tratas de mantener la intimidad sexual en la mínima expresión, es probable que él no esté dispuesto y se vuelva resentido, o sienta que es su obligación hacer estas cosas antes de poder tener relaciones sexuales. Es evidente que las mujeres preferimos que la amistad se dé primero. No obstante, si viene después, tendremos una mejor opción de que esta crezca.

Es sencillo olvidar por qué uno se enamoró del otro. Las circunstancias cambian. Cuando estaban de novios, tenían todo el tiempo del mundo para concentrarse uno en el otro. A los diez años, compraron una casa y un automóvil, comenzaron una carrera profesional, tuvieron hijos y de repente se encontraron con muchísimas responsabilidades y menos tiempo para las cuestiones románticas que antes eran características del tiempo que pasaban juntos.

Intenta hallar algún momento para salir como novios con tu marido otra vez. Traten de pasar un rato juntos y a solas, al menos una vez al mes. Si no puedes pagar una niñera, túrnense con amigos en cuidar a los niños para que ellos también disfruten de un tiempo a solas. Puedes llevar a tus hijos a la casa de amigos y así quedarse solos en casa para disfrutar de una cena a la luz de las velas o sencillamente reposar frente a la chimenea. Luego, descubran cosas que pueden hacer juntos. Algunas cosas pueden hacerlas como pareja mientras que a veces tendrán que hacerlas como familia. Cuando los niños entran en escena, puede ser difícil identificar cosas divertidas que todos disfruten. Trata de hallar algún pasatiempo nuevo. Lleva a tus hijos a bolear o aprendan a montar patinetas juntos. Vayan de campamento o a esquiar o a divertirse en toboganes. Descubre cosas que ambos disfruten, que los divierta incluso estando con los niños. Cuanta más diversión compartan, más estrecha se hará su relación.

Pon en práctica actos de amabilidad ocasionales

La última cosa que podemos hacer para alimentar la intimidad es demostrar amabilidad para con nuestro esposo en distintos momentos del día y sin motivo aparente. Esto le manifestará que lo aceptas, lo amas y lo aprecias más allá de todo. Asegúrate de que la manera en que decidas manifestarle amabilidad él la entienda. Imagina esta situación: Ves a tu esposo sentado en el sofá leyendo el periódico y tú te acercas a masajearle el cuello. Él te quita la mano de encima y te dice: «Querida, estoy tratando de leer», y tú te marchas sintiéndote rechazada. Es probable que no te estuvieras comunicando de una manera que él puede interpretar. Quizá a tu marido no le gustan los masajes en el cuello o eso lo distrae cuando intenta leer. No le hagas cosas que quisieras que te hagan a ti; haz cosas que le gusten a *él*.

Pregúntale qué cosas disfruta y presta atención ante qué clase de cosas reacciona bien, entonces haz eso. Por medio de actos de amabilidad durante el día que no dependan de su actitud hacia ti, le estarás mostrando que te preocupas por él tal como él es. Eso hará que se sienta más cerca de ti.

La relación matrimonial es la que mantiene todo en su lugar, sin embargo es sencillo olvidarse de esta relación vital. Hemos hablado sobre cómo hacer que tu vida sea plena, cómo hacer que tu hogar funcione bien, cómo fortalecer tu relación con tus hijos y cómo priorizar para no sentirte tan agitada y sí más enfocada. Sin embargo, para que todas estas cosas puedan surtir efecto, debes valorar y respetar a tu marido. Esto puede significar que debas dar un paso al costado, abandonar tu postura cómoda y preocuparte por seducirlo o colocarte en una actitud más vulnerable. Sin embargo, valorar tu matrimonio es la mejor inversión que puedes hacer para el futuro y para el bienestar de todos los que son preciosos para ti.

Prueba rápida de la realidad

Si la intimidad sexual es una fuente de tensiones en tu matrimonio, ¿qué puedes hacer para sentirte más romántica? Si esto te cuesta, pídele a Dios que te ayude a amar a tu esposo.

Profundicemos

1. Lee 1 Corintios 7. ¿Cuál es el plan de Dios para las relaciones sexuales dentro del matrimonio?
2. Piensa en las cosas que podrías hacer para alimentar tu amistad con tu esposo. ¿Cómo puedes demostrarle que te encanta estar con él?

Conclusión

Hace poco, cuando mi esposo y yo recorrimos una preciosa zona rural, me impactó la rica historia del lugar. Limitando cada parcela vimos kilómetros y kilómetros de cercas de piedra. No esas bellas piedras que compramos para decorar el jardín sino grandes y pesadas rocas, apiladas una encima de la otra. Cada roca había sido extraída del mismo campo. Para poder comenzar a cultivar la tierra, estos antiguos pioneros no solo debieron talar árboles sino que tuvieron que quitar las rocas.

Nuestra vida es mucho más aséptica, pero aún tenemos que eliminar algunas rocas antes de poder crecer y dar fruto para Dios. Y eso exige muchísimo trabajo, mucho sudor y una gran determinación. La diferencia es que los pioneros con frecuencia mantuvieron sus ojos puestos en metas mucho más definidas. Hoy en día tenemos tareas interminables y el estrés; por si esto fuera poco, con frecuencia ni siquiera sabemos hacia dónde vamos.

Desearía que hubiera respuestas sencillas para los problemas que enfrentan las mujeres. Me encantaría poder apretar un botón y que la sociedad de pronto comenzara a apreciar a las madres, y desaparecieran todas las tensiones matrimoniales. Deseo que de repente podamos tener, no más horas en el día sino menos que hacer en las horas que ya tenemos.

Lo concreto es que no existe ese botón mágico. Las estrategias mencionadas no son planes que puedas implementar de la noche a la mañana ni panaceas que te garanticen que vayas a solucionar todos tus problemas domésticos. Más bien son procesos que te ayudarán a darte cuenta de qué es lo verdaderamente importante para que luego puedas concentrarte en priorizar estas cosas en tu familia. En este esfuerzo, Jesús nos guiará.

La mayoría de los problemas que enfrentamos no son porque hemos decidido vivir de manera contraproducente sino que toda la sociedad es contraproducente. Valoramos lo que no debemos valorar. Enfatizamos el dinero, el egoísmo, el poder y la riqueza. Y aunque no lo deseamos, con frecuencia permitimos que estas prioridades erradas se inserten en la iglesia, en nuestro matrimonio, en nuestra familia e incluso en nuestros sueños.

Cambiar nuestro punto de vista y pensar de manera consciente hacia qué y hacia quién nos vamos a enfocar, y cómo vamos a conseguirlo, nos ayudará a eliminar todas esas rocas que nos impiden crecer. Será un cambio de adentro hacia afuera.

Mi oración es que cuando pongas en marcha estos cambios toda tu familia se vea transformada y así puedan emprender juntos este nuevo camino. Si ellos no te acompañan en el cambio, al menos tú habrás hallado un nivel más alto de paz. Si ese cambio se produce, imagina el ejército de familias cristianas fuertes que podremos generar para poner de manifiesto el poder redentor de Dios. Anímate, toma aire y sumérgete de lleno en esta aventura. Dios ansía tener familias en las que se valoren y respeten unos a otros para que dejen una nueva huella en esta sociedad tan confundida. Cuando somos parte del plan de Dios, por fin llegamos a comprender lo que Jesús quiso decir con la paz que sobrepasa todo entendimiento (véase Filipenses 4:7).

Para las que enseñan a sus hijos en casa: Cómo llevar adelante a tu familia sin volverte loca

Si eres una de las más de medio millón de madres que educan a sus hijos en casa, como yo, participas en una aventura muy emocionante. Cuando tomaste la decisión de embarcarte en esta aventura, es probable que lo hicieras con un poco de temor, mucho amor y llena de entusiasmo. Enseñar en tu casa tiene un potencial altísimo. Nos ayuda a conseguir una familia más unida además de permitirnos impartir valores a nuestros hijos mientras les damos una educación excelente. Con demasiada frecuencia, sin embargo, estos sueños se ven debilitados a medida que nuestro día se vuelve cada vez más tenso e improductivo. Veamos si te sientes identificada con este día de «escuela en casa»:

Un día de terror

Suzanne se quedó dormida y se levanta quince minutos tarde. El bebé llora y sus hijos mayores se fueron a la sala a mirar un video. No puede atravesar el pasillo porque toda la ropa para lavar está apilada justo en el medio (el cesto para la ropa está en la planta baja, adonde ella misma lo llevó hace dos días), y las camas de sus hijos todavía no están tendidas.

Suzanne recoge un poco de ropa y enfila rumbo a la planta baja y se cruza con sus hijos. Les grita que se vistan y mientras Tim se arrastra a regañadientes rumbo a la planta alta, David, el mayor y Michelle permanecen pegados a la pantalla. Johnny, el bebé, sigue llorando.

Luego de poner un poco de ropa a lavar, toma a Johnny en sus brazos y se mete a la ducha. Decide que vale la pena la molestia de tenerlo con ella con tal de que deje de llorar. Sin embargo, enseguida empieza a haber jabón por todas partes incluso en sus ojos, por lo que el bebé empieza a llorar de nuevo. Para colmo, Tim, el único hijo obediente, grita avisando que no encuentra ropa interior limpia. Suzanne le grita que se fije en la secadora y le pide que les diga a sus hermanos mayores que también se vayan a cambiar.

Cuando sale de la ducha, se viste y tiende su cama (aunque Johnny salta en ella y arruina todo su trabajo). Sus hijos mayores todavía no se han vestido. En esta oportunidad Suzanne grita muy enojada, y ellos acceden a subir las escaleras.

Enseguida ella se pone a preparar el desayuno. Pide a sus hijos que vayan a tender sus camas mientras ella cocina los huevos. Con la esperanza de contar con un minuto de paz, sienta a Johnny con un cuenco de cereales y una cuchara mientras ella toma una taza de café y vacía el lavavajillas. Su paz se ve de pronto interrumpida cuando sus tres hijos comienzan a pelear en la planta alta sobre quién limpia más. «¡Tim no está limpiando, mamá! ¡Está sentado jugando con sus bloques!»

Tim replica: «Yo ya acomodé mis cosas. Esas son de ustedes».

Michelle responde chillando: «Pero estuviste jugando a esto conmigo. ¡Tienes que ayudarme a recogerlo!».

A estas alturas Suzanne ya ha oído suficiente. Se dirige a la planta alta y les grita a un volumen suficiente para que el techo se venga abajo, y ellos terminan de acomodar más o menos la habitación.

Luego del desayuno, echa un vistazo a la casa. Los cuartos de los niños están limpios, pero a ella la espera una pila de ropa para lavar. La cocina es un desastre y la sala de juegos está peor aun, y no recuerda cuándo fue la última vez que limpió el baño. ¡Ya da miedo entrar allí!

Suzanne decide ocuparse de limpiarlo entre un tema y otro. Los niños se sientan alrededor de la mesa y Tim anuncia que hoy no quiere hacer matemática sino plástica. Para afirmarlo, toma algunos lápices y se dispone a dibujar. Suzanne observa desconsolada los cuadernos de trabajos prácticos de seis materias diferentes que están apilados frente a ella. Todos exigen al menos media hora de dedicación. Varias de las clases las tiene que explicar ella en persona y ninguno de sus hijos está quieto como para atender.

Michelle está pateando la silla de David y este le saca la lengua. Desesperada, distribuye los lápices a todos y les dice que hagan un dibujo mientras ella se va a limpiar el baño. Es más sencillo luchar contra la mugre de las losetas que lidiar con esos niños.

Al fin del día, el baño está más limpio pero el resto de la casa sigue siendo un desastre. Los niños no completaron tres de las asignaturas. David no trabajó en matemática y Michelle rezongó todo el tiempo que dedicó a ortografía. Se la pasó diciendo que no podía hacerlo. Llegaron tarde a la clase de piano, lo que solo sirvió para que Suzanne se sintiera peor. Se notó que los niños no habían practicado y ella comenzó a esgrimir una excusa de que quizá andaría rondando algún virus de gripe o algo similar ya que los niños se sentían muy cansados.

Ya a la hora de la cena, Suzanne estaba tan agotada que llamó para que trajeran unas pizzas. Otro día de enseñanza escolar en casa tirado por la borda.

La necesidad de organizarse

Cuando esta tarea de enseñar en casa no funciona bien, como en el ejemplo de Suzanne, es sencillo echarle la culpa al sistema de enseñanza escolar en casa. Analicemos un poco los problemas que enfrentaba Suzanne: ella estaba cansada, sus hijos no obedecían, la casa era un desorden, sus hijos no querían estudiar... Los problemas no tenían nada que ver con la enseñanza escolar en casa. Son problemas con los que todo padre tiene que lidiar. Sin embargo, cuando decidimos enseñar en casa, estos problemas se magnifican. Lo que otras familias pueden pasar por alto o minimizar, nosotras no podemos hacerlo porque estamos mucho más tiempo en casa. Todos los problemas potenciales en nuestra familia quedan expuestos y no podemos huir de ellos. Eso no significa que enseñar en casa sea imposible. Al contrario, el sistema nos da el impulso que nos falta para ocuparnos de estos temas que ya no pueden seguir escondiéndose debajo de la alfombra.

A veces, se trata de cuestiones de conducta referidas a si nuestros hijos nos escuchan y obedecen o no. Otros problemas tienen más que ver con la organización, e incluyen problemas constantes como el desorden. Con frecuencia, nos olvidamos que nuestro hogar puede ponerse peor por el solo hecho de que estamos más tiempo en la casa para desordenarla.

Recuerdo haber ido a casa de una amiga a almorzar un domingo al mediodía y casi me desmayo al observar a mi alrededor y comprobar que su casa estaba en perfecto orden. ¡No había nada fuera de su lugar! Luego Keith me recordó que ella y su esposo trabajaban muchas horas fuera y los niños pasaban el día en la guardería. Volvían a la casa solo a comer y dormir. No tenían tiempo para desordenar la casa.

En las familias que practican la enseñanza en el hogar es crucial que organicemos las tareas domésticas, que exijamos respeto de nuestros hijos y que encontremos tiempo para renovarnos. Si podemos hacer esto, no solo la parte de la enseñanza marchará bien sino que descubriremos que nuestra familia puede convertirse en un asombroso refugio también para nosotras. ¿Cómo hacemos esta transformación? En primer lugar, necesitamos contar con el ambiente adecuado para desarrollar la escuela en casa.

Una casa organizada

Necesitarás contar con lápices de colores, fibras, papel, libros o lo que sea y poder encontrarlos cuando los necesites. También hará falta una superficie despejada sobre la que trabajar.

Un lugar para la imaginación

Los niños que estudian en su casa no necesitan hogares *inmaculados*. Es más, tu casa debe contar con libros que nutran su imaginación, juegos que inspiren al aprendizaje y proyectos de ciencias que los invite a investigar. Pero todas estas cosas necesitan un lugar donde guardarse una vez que los niños han acabado de usarlas; aunque sea para asegurarnos que no se rompan, ni se pierdan.

Tiempo tranquilo para el aprendizaje

Por último, los niños necesitan aprender en un ambiente tranquilo. Nadie aprende bien con alguien que le esté encima gritando y tratando de que resuelva rápido ese problema de matemáticas porque hay demasiadas cosas que hacer. Necesitas dedicar un tiempo exclusivo a la enseñanza en el hogar. Entonces tus hijos sabrán que en ese momento tú eres su prioridad.

Todo esto, al igual que las cercas de piedra que mencioné al principio, da trabajo pero los resultados son maravillosos. Veamos cómo podemos conseguirlo.

Organízate

Primero y sobre todo, tienes que organizarte. Esto significa que, aunque nuestra personalidad no se ajuste a ello, tenemos que contar con un programa o una agenda.

Limpia de acuerdo a lo programado

Se comienza con la limpieza bien temprano. Consulté con varias familias que practican la enseñanza escolar en casa con éxito para saber cómo se organizan con la limpieza. La mayoría me respondió lo siguiente: «La hacemos antes de la escuela, por lo general antes de las nueve de la mañana». Este año, mis hijas y yo comenzamos a trabajar de esa manera. Nos levantamos a las siete. Terminamos de desayunar y de limpiar las habitaciones (¡incluso la mía!) a las ocho y luego dedicamos cuarenta y cinco minutos a la casa. Tengo un programa de cuatro semanas, similar al sugerido en el capítulo 3, donde todo se limpia según un plan. Cuando termino con mi cuota diaria, guardo los implementos de limpieza. A las 8:45 leemos la Biblia antes de comenzar con el estudio. ¡Nunca antes había estado tan organizada!

Hacemos además una nueva acomodada antes de la cena, pero el resto del día lo puedo dedicar a otras cosas. Esto funciona porque mis hijas participan en el plan de limpieza. Esta mañana, mientras yo limpiaba la cocina, ellas lavaban el baño principal. Mañana, ellas limpian los espejos y las ventanas de la planta baja mientras yo limpio los pisos y paso la aspiradora. Ella reciben una retribución que les encanta gastar y rara vez escucho quejas. No les permito jugar hasta que toda la tarea está cumplida. Es una parte normal de nuestra rutina y funciona muy bien.

Haz las diligencias según lo programado

Otra cosa que debemos organizar son las diligencias. Todas las semanas hay cosas que debemos hacer como ir a la ferretería, solicitar un turno con el médico, ir al banco, comprar algo en el centro de compras y, por supuesto, las compras del supermercado. Esto es mucho más sencillo si puedes hacerlo todo de una vez. Todos los turnos con el dentista, con el médico (excepto las urgencias, por supuesto), los arreglos del automóvil y cualquier otra cosa se hacen en un día determinado.

Esto también hace que sea necesario planificar todas las comidas de la semana de antemano para tener que ir al mercado una sola vez por semana. Suelo comprar verduras frescas y consumirlas a principio de semana y uso el resto de las cosas para los demás días. Por ejemplo, comeremos sándwiches unos días, luego de hacer las compras, y más adelante en la semana consumiremos pasta con salsa de queso y frutas.

Las diligencias que tenemos que hacer no dificultan la escuela en casa porque hemos acondicionado el programa para trabajar solo cuatro días por semana. Esto nos permite contar con un día libre para hacer las compras, tomar clases adicionales de música u otra cosa, ir al parque o al campo, reunirse con otros amigos que practican la enseñanza escolar en casa o cualquier otra cosa que disfrutemos.

Organiza tu escuela

No solamente necesitamos organizarnos con las tareas domésticas sino que nuestra escuela también necesita organización. Quizá quieras permitirles a tus hijos un momento de juegos, como un recreo, luego de dar varias asignaturas. Hazlo, pero no lo permitas hasta que hayan acabado con las asignaturas. Si los niños están entretenidos con otra cosa y van lento y tú decides darles un recreo para que regresen con renovados bríos a la tarea, esto puede ser contraproducente.

Que programes determinados temas no significa que necesariamente los hagas a determinada hora. En nuestro hogar, a veces nos ocupamos de la enseñanza por la mañana, a veces por la tarde y en ocasiones alrededor del mediodía. Dependerá de la cantidad de tiempo que lleve cada clase y las actividades asociadas con el sistema. Por ejemplo, sé que necesito alrededor de dos horas y media en total, veinte minutos para la lectura de la Biblia y la media hora siguiente dedicada a fonética, ortografía y redacción. Si sé qué necesito enseñar y el énfasis que debo darle a cada tema, no importará si comienzo a las nueve, a las once o a la una de la tarde. De todos modos, terminaré mi tarea.

El otro gran desafío de nuestro día de escuela es ocuparnos de los pequeños de la casa. No hay nada que distraiga tanto a un niño que estudia en su casa como un bebé que grita, llora, tironea, canta o hace cualquier cosa por atraer (y probablemente robar) la atención. Hay numerosas ideas en Internet sobre cómo entretener a los bebés de la casa mientras te ocupas de enseñar, pero sin dudas necesitas un plan. Pueden tener una caja especial de juguetes que aparece solo durante el rato de la enseñanza, o si son mayorcitos pueden tener sus propias actividades de manera que también se escolaricen. Quizá debas comenzar con la escuela quince minutos más tarde cada día con tal de que puedas organizar una actividad para tu bebé. Si consigues mantenerlo entretenido, tu día será mucho más suave.

Emplea el método de enseñanza adecuado

Otra forma de reducir el estrés es asegurarse una de adoptar un método de enseñanza que funcione bien con su personalidad, su programa, la cantidad de niños que tenga y, por supuesto, con sus estilos de aprendizaje. Los catálogos de *enseñanza escolar en casa* están llenos de diferentes opciones de aprendizaje, desde los que aplican una sesión estricta de tareas de media hora hasta los que implementan el estudio por unidades o incluso el sistema en que el alumno aprende a su propio ritmo y según sus intereses. Según cuál sea tu filosofía de la educación, el tiempo del que dispongas y tu preferencia será mejor un método u otro. He hablado con varios estudiantes que se sentían desanimados debido a que su plan de estudios era muy estricto y aburrido mientras que a otros les parecía que no era lo suficientemente estricto.

Tener un plan de estudios estricto tiene algunos beneficios. Hay poca planificación de tu parte, de manera que puedes abocarte a la enseñanza con poca preparación de las clases. Entre medio, está el estudio por medio de unidades, que te dice todo lo que necesitas y qué debes hacer pero no brinda un libro de tareas. No obstante, tienes que planificar de antemano para asegurarte de que cuentas con los materiales necesarios para ese día. Si organizar y planificar el material te resulta entretenido (como lo es para Keith y para mí) puedes no usar ningún programa específico ya que puedes armarlo tú misma.

Hagas lo que hagas, no elijas un programa porque le dio resultado a una familia con siete hijos o porque sea como tú piensas que debe ser el estudio en la casa. Inscríbete en una asociación de instrucción escolar en casa, busca en la Internet o llama a algunos editores de planes de estudio y solicita asesoramiento. Hay muchísimo material; elige algo que se adecue a tu plan, que te resulte interesante y que tus hijos harán de buena gana.

Inculca el respeto

Tal vez en ningún otro lado sea tan evidente la necesidad de que los hijos respeten a los padres como cuando el padre es también el maestro. Si tus hijos no te prestan atención cuando intentas que se concentren en matemática, en ortografía o en escribir una composición, será una pesadilla. Terminarás agotada, ellos se sentirán frustrados y desconcentrarán a un hermanito que está tratando de trabajar al mismo tiempo.

En pocas palabras, debes inculcar respeto. Tus hijos deberán conocer las consecuencias de manera que solo se extralimiten en algunas ocasiones. Trata de establecer reglas para la conducta relacionada con el estudio en casa. Por ejemplo, no permitimos que nuestras hijas rezonguen y digan: «¡No puedo hacer esto!». Si lo hacen, deben ir a su cama a acostarse (sin libros ni juguetes) porque es evidente que están cansadas. ¡Enseguida regresan por voluntad propia! Debes tener tolerancia cero para cualquier cosa que parezca irrespetuosa.

Pídele a tu esposo que te apoye en esta cuestión de exigir respeto. La manera en que él te trata con frecuencia determina la manera en que tus hijos te tratarán. Si tu esposo les hace saber a tus hijos que es inaceptable que respondan mal a su madre, ellos prestarán atención. Después de todo, ¿acaso van a tratar a su maestra de escuela de esa manera? Por supuesto que no; por eso tampoco deben tratarte a ti de esa manera.

Planifica escapadas

Si tú y tus hijos están juntos todo el día, aunque estén haciendo algo divertido, es probable que empiecen a enloquecer un poco. Planifiquen actividades recreativas para todos. Salgan a montar en bicicleta o a dar una vuelta a la manzana caminando, vayan a una plaza o parque, visiten a algún amigo o inviten a alguien a su casa. Si cuentan con un medio de transporte (y dinero) pueden ir a tomar clases de música, de gimnasia o ir a practicar fútbol.

Quizá uno de los mayores beneficios de estudiar en casa sea la oportunidad de contar con excursiones rápidas y económicas. Llama a la estación de bomberos, a una fábrica cercana, a una planta de reciclado, a una empresa de transportes o a una lechería. Muchos de ellos te recibirán con alegría y no te insumirá mucho tiempo. Exploren una ciénaga, caminen en un bosque, o ármense de una red y vayan a una laguna cercana. Planificar pequeñas salidas educativas puede ser entretenido para tus hijos, los ayudará a relacionarse con su comunidad y les darán energía para abocarse al estudio cuando regresen a casa.

Renuévate

Por último, necesitarás tiempo para renovarte. Muchas elegimos poner en práctica este sistema educativo porque nuestros hijos nos llenan de gozo. Quizá pensemos que no necesitamos descansar de ellos. Sea que lo sintamos o no, tener tiempo para nosotras mismas, para planificar, para orar, para soñar o para no hacer nada es vital.

Afortunadamente, como madres que enseñamos en casa, sabemos mucho más acerca de las maneras de ampliar nuestros intereses que la persona promedio. Estamos acostumbradas a investigar nuevos temas, a ir a la biblioteca, a averiguar sobre cursos o a buscar lecturas de interés en el periódico. Con frecuencia, hacemos esto para encontrar oportunidades educativas, pero también podemos hacerlo para hallar oportunidades para renovarnos.

Inscribirnos en asociaciones de educadores en casa o relacionarnos con otras madres que hacen lo mismo, también pudiera renovarnos. Reunirnos y comparar apuntes podrá sernos de utilidad, de apoyo y también de aliento ya que aprenderemos nuevas destrezas e ideas y tomaremos conciencia de que otras personas experimentan lo mismo que nosotras.

Por último, dale un poco de tiempo a tu marido. Al ser una familia que enseña en la casa, los niños participan en todo lo que hacemos. Salgan solos un fin de semana al año, salgan a pasear solos de vez en cuando o reserven al menos quince o veinte minutos por las noche tan solo para conversar a puertas cerradas con el ingreso de los niños prohibido. Fortalece tu relación matrimonial, para que tengas fuerzas para enseñar a tus hijos.

Los padres que eligen este sistema de enseñanza ya han decidido darle prioridad a sus hijos por encima de todo. Sin embargo eso no garantiza un correcto aprendizaje ni una vida familiar pacífica. Necesitarás organización, diligencia y una mano firme con la disciplina además de toneladas de creatividad. Según consigas tener éxito en la enseñanza en casa, conseguirás también construir una familia feliz. Es una gran empresa, pero podrás conseguirlo con un poco de planificación y una gran dosis de ayuda de Dios.

Notas finales

Prefacio

1. Los nombres se modificaron para proteger la privacidad de las personas.

Capítulo 1: Diagnóstico: Estrés

1. Women´s Health Sciences Center, Women's Health Study, Toronto, Ontario, 1998.
2. Scott Coltrane, *Family Man: Fatherhood, Housework and Gender Equity*, Oxford University Press, Nueva York, 1996.
3. Ibíd., 54.
4. Tomado del artículo de D'Arcy Masius «Great Sexpectations: The Attitudes of the Sexes», *Working Mother*, septiembre de 1992.
5. Citado por Jane Louise Boursaw, «Work Daze», *Sonoma County Independent*, agosto de 1999. Descargado de http://www.metroactive. com/papers/sonoma/08.12.99/work-9932.html el 24 de febrero de 2003.
6. Tomado de www.momsnetwork.com. Descargado de http://www. montessori.org/Resources/Library/Parents/whatilearned.htm el 24 de febrero de 2003.
7. «Canadian Attitudes on the Family», Enfoque a la Familia de Canadá, publicado en junio del 2002 y descargado de http://www.fotf.ca/familyfacts/attitudes/insex.html el 24 de febrero de 2003.

8. *National Center for Health Statistics*, «Prevalence of Overweight and Obesity Among Adults in the United States: 1999», del *U.S. Department of Health and Human Services*; descargado de http://www.cdc.gov/nchs/products/pubs/pubd/hestats/obese/obse99.htm el 10 de septiembre de 2002.

9. Nancy Gibbs, «Special Report: The Day of the Attack», *Time*, 12 de septiembre de 2001.

10. John Bevere, *The Bait of Satan*, Creation House, Orlando, Florida, 1999.

11. Para obtener excelentes explicaciones sobre esto, consultar el libro de James Dobson, *Cómo criar a un niño de voluntad firme* (Editorial Unilit, Miami, 1998); o del mismo autor, *Criando a los niños con plena confianza* (Editorial Unilit, Miami, 1991).

12. Consultar por ejemplo el libro de Stephen Covey, *The Seven Habits of Highly Effective People*, Simon & Schuster, Nueva York,, 1989.

13. Marilyn Ferguson citada en ibíd. 60-61.

Capítulo 2: Un paso hacia adelante y dos pasos hacia atrás

1. Por supuesto, el éxodo del campo se inició mucho antes, pero no fue sino hasta principios del siglo XX cuando la mitad de todas las familias abandonaron el campo. De manera que a fines del 1800, la vida para la mayoría de los norteamericanos seguía siendo la de la familia campesina.

2. Stanly Lebergott, *The American Economy: Income, Wealth, and Want*, Princeton University Press, Princeton, 1976), 508.

3. «Poverty in the United States: 2001» (publicado por el departamento de censos de los Estados Unidos, septiembre de 2002) y descargado de http://www.census.gov/prod/2002pubs/p60-219.pdf el 24 de febrero de 2003.

4. Annenberg Public Policy Center, *Media in the Home 2000*, citado por la cadena de televisión Free Turnoff, Fact Sheet, 2001.

Capítulo 3: ¡Esta no es la casa de mi madre!

1. Mimi Wilson y Mary Beth Lagerborg, *Once a Month Cooking*, St. Martin's Press, Nueva York, 1986.

2. Kathy Peel, *The Family Manager,* W. Publishing Group, Nashville, Tenn., 1996.

Capítulo 4: Cómo equilibrar la balanza

1. Ver de Susan Wittig Albert, *A Work of Her Own,* G.P. Putnam's Sons, Nueva York, 1992.
2. Tony Campolo, *Twenty Hot Potatoes Christians Are Afraid to Touch,* Word, Dallas, 1998, 29.
3. Maurice Sendak, *Where the Wild Things Are,* Harper and Row, Nueva York, 1963; y Eric Carle, *From Head to Toe,* HarperCollins, Nueva York, 1997.
4. Stephen Covey, *The Seven Habits of Highly Effective People,* Simon & Schuster, Nueva York, 1989, 151.
5. Leer la historia de Gordon MacDonald en «Beyond Burnout», *Faith Today*, mayo-junio 1998, 30. Por Richelle Wiseman.

Capítulo 5: Cambios drásticos en las relaciones

1. Uno de los mejores libros que se refieren a este fenómeno es el de Robin Norwood: *Women Who Love Too Much* (Simon y Schuster, Nueva York,, 1985). Aunque no es un libro cristiano, ella parece simpatizar con la postura religiosa y considero que las conclusiones son relevantes tanto para las mujeres de la iglesia como para las que no lo son.
2. Con esto no quiero decir que Dios de alguna manera no «maldice» a las personas en las generaciones siguientes, solo que una de las maneras en la que dicha maldición puede sentirse es en las leyes naturales del carácter que Dios nos dio.
3. Cynthia S. Smith, *The Seven Levels of Marriage: Expectations Versus Reality,* Lyle Stuart, Secaucus, N.J., 1986, 14.
4. Susan Page, *Now That I'm Married, Why Isn't Everything Perfect?,* Dell, Nueva York, 1994, 8.
5. Gay C. Kitson, *Portrait of Divorce: Adjustment to Marital Breakdown,* Guilford Press, Nueva York, 1992, 65.
6. Linda J. Waite Don Browning, William J. Doherty, Maggie Gallagher, Ye Luo y Scott M. Stanley, *«Does Divorce Make People*

Happy? Findings from a Study of Unhappy Marriages», Instituto de Valores Norteamericanos, publicado el 11 de julio de 2002.

7. Mary Stewart Van Leeuwen, *Gender and Grace,* InterVarsity, Downer's Grove, Ill., 1990.

8. Maxine Hancock, *Creative, Confident Children*, Harold Shaw, Wheaton, 1992.

9. Para un debate más profundo sobre este principio de «sembrar y cosechar», ver el libro de Henry Cloud y John Townsend: *Boundaries,* Grand Rapids, Zondervan, 1992, 84-86. En castellano lo publicó Editorial Vida bajo el título *Límites.*

10. Norwood, *Women Who Love Too Much*, 177.

Capítulo 6: La familia que limpia junta

1. Scott Coltrane, *Family Man: Fatherhood, Housework and Gender Equity,* Oxford University Press, Nueva York, 1996, 7.

2. Carol Cassell, *Tender Bargaining: Negotiating an Equal Partnership with the Man You Love,* Jack Arenstein, Los Ángeles: 1993, 11.

3. Citado en ibíd., 160.

4. Ibíd.

5. Mary Vallis, «Happiness Is the Right Amount of Housework», *National Post*, 13 de junio de 2001, A8. Basado en un estudio estadístico de Canadá con datos del censo de 1998, analizado por la Dra. Janet Fast.

6. Véase John Gray, *Men Are from Mars, Women Are from Venus,* HarperCollins, (Nueva York, 1992, 266.

7. Harret Goldhor Lerner, *Dance of Anger,* Harper & Row, Nueva York, 1985, 33.

8. Gray, *Men Are from Mars, Women Are from Venus,* 56.

9. Este es un tema que John Gray trata en profundidad en su libro. Y según todos con los que hablé y al observar a los hombres en acción, ¡creo que tiene toda la razón!

10. Gray, *Men Are from Mars, Women Are from Venus,* 259.

11. Ibíd., 56.

12. Lerner, *Dance of Anger*, 137.

Capítulo 7: No te quedes sentado ahí... ¡haz algo!

1. Neale S. Godfrey con Tad Richards, *A Penny Saved: Teaching Your Children the Values and Life Skills They Will Need to Live in the Real World* Simon & Schuster, Nueva York, 1996.
2. Reginal Bibby y Donald Posterski, *Teen Trends: A Nation in Motion,* Stoddart, Toronto, 1992, 150.
3. Michele Weiner Davis, *Divorce Busting,* Summit Books, Nueva York, 1992, 140.
4. Harriet Goldhor Lerner, *Dance of Anger,* Harper & Row, Nueva York, 1985, 137.
5. Robin Norwood, *Women Who Love Too Much,* Simon & Schuster, Nueva York, 1985, 246.
6. Sue Careless, «Burnout: Who's at Risk? », *Faith Today,* mayo-junio de 1998, 32.

Capítulo 8: Los niños deletrean amor así: T–I–E–M–P–O

1. Dra. Laura Schlessinger, *How Could You Do That? The Abdication of Character, Courage and Conscience,* Harper-Collins, Nueva York, 1996), 89.
2. Charmaine Crouse Yoest, «Parents at Home: Still the Silent Majority», *Family Policy,* marzo de 1998. Hace un excelente recorrido sobre los principales estudios longitudinales y a gran escala sobre las guarderías.
3. Investigación de Medios Neilsen, 2000, según fuera citada en *Facts and Figures About Out TV Habit,* TV Turnoff Network, 2002; descargado de www.tvturnoff.org/factsheets.htm el 22 de marzo de 2002.
4. Citado en «How to Raise Good Kids», *Globe and Mail,* 11 de enero de 2002, A18. Las otras cuatro son: tener padres con menos probabilidades de que se divorcien; tener que limpiar tu cuarto con cierta frecuencia; comer juntos en familia con regularidad y ser más propenso a involucrarse en el servicio a la comunidad.
5. Instituto Nacional de Medios y Familia, 1999, citado en *Facts and Figures About Our TV Habit,* TV Turnoff Network, 2002; descargado de www.tvturnoff.org/factsheets.htm el 22 de marzo de 2002.

6. William J. Bennett, *The Broken Hearth*, Doubleday, Nueva York, 2001.

7. Para un excelente análisis sobre esto, Véase *The Broken Hearth*, de Bennett.

8. De Amy Ridenour, «Be Thankful for Dads», *National Policy Analysis*, número 252 (junio de 1999); descargado de www.nationalcenter.org/NPA252.html el 24 de febrero de 2002.

9. David Popenoe, *Life Without Father*, Simon & Schuster, Nueva York, 1996.

10. Floyd McClung, *Living on the Devil's Doorstep*, Word, Dallas, 1999.

Capítulo 9: Pon tu billetera bajo el control de Dios

1. Véase Kay Arthur, *Lord, Heal My Hurts*, Multnomah, Portland, Oregón, 1989, para un debate sobre este tema. Sus capítulos sobre *«Letting Your Mind Be Renewed»* y *«Your Mind: The Battlefield»* son particularmente relevantes.

2. Janet Luhr, *The Simple Living Guide*, Broadway Books, Nueva York, 1997.

3. Citado en Charmaine Crouse Yoest, «Parents at Home: Still the Silent Majority», *Family Policy*, marzo de 1998, 1.

4. Ibíd., 2. Consultar este artículo para ver el análisis sobre las cifras de uso de las guarderías.

5. Tomado de ibíd., 6.

6. Citado en Virginia L. Colin, *Human Attachment: What We Know*, crítica literaria sobre los adjuntos sobre infancia preparado por solicitud de la Oficina de la Secretaria Adjunta para la Planificación y Evaluación, Departamento de Salud y Servicios Sociales, 18 de junio de 1991, 20-22.

7. Mary Eberstadt, «Home Alone America», *Policy Review*, junio de 2001, 107; descargado de www.policyreview.org/JUN01/eberstadt_print.html el 1 de marzo de 2002.

8. *Teen Tippers: America's Underage Drinking Epidemic*, publicado el 26 de febrero de 2002; y descargado de www.casacolumbia.org/usr_doc/Underaged.pdf el 12 de marzo de 2002.

9. Un excelente libro sobre este tema es el de Joseph R. Domínguez y Vicki Robin: *Your Money or Your Life,* Penguin Books, (Nueva York, 1999).

10. Amy Dacyczyn tiene varios libros con diversos títulos con la frase: «Tightwad Gazette» en todos ellos. Cuenta con un boletín al que puedes suscribirte y tiene una página en construcción: www.tightwadgazette.com

11. Citado en Eberstadt, «Home Alone America», 13.

12. Ibíd.

13. Yoest, «Parents at Home: Still the Silent Majority», 2.

14. Esta tendencia fue exacerbada por la anticoncepción y el aborto, que también ofrecieron relaciones sexuales sin embarazo. Ahora, si una mujer queda embarazada, es culpa de ella y él no tiene por qué hacerse responsable de la criatura. Él está libre de toda responsabilidad en todo sentido.

15. Consultar el libro de William J. Bennett, *The Broken Hearth,* Doubleday, (Nueva York, 2001), para obtener una explicación sobre esto.

Capítulo 10: Dispuesta

1. Tomado de «The Experiment» por Catherine Marshall, repetido por Marilyn K. McAuley en *Stories for the Heart: 110 Stories to Encourage Your Soul,* compilado por Alice Gray, Multnomah, Sisters, Ore., 1996, 74.

2. Rosemary y Roger Barnes, *Great Sexpectations,* Zondervan, Grand Rapids, 1996.

3. Ibíd., 57.

El matrimonio y la maternidad son largos caminos a recorrer y a veces necesitamos ayuda mientras los transitamos, o simplemente alguien con quien reírnos de nuestros errores.

De manera que no te detengas. Únete a otras madres de los Estados Unidos que desean compartir sus ideas sobre cómo edificar familias como Dios quiere. Algunas sugerencias para hacerlo:

1. Suscríbete en www.ToLoveHonorandVacuum.com. Podrás leer las sugerencias e ideas de otras personas, agregar las tuyas y reírte de las gracias y travesuras de nuestros hijos.
2. También puedes inscribirte para recibir un boletín gratuito en www.ToLoveHonorandVacuum.com
3. ¿Quieres hacerle una consulta a Sheila? Escríbele a: SheilaWrayGregoire@kregel.com.

Por último, a Sheila le complacería ir a conversar con tu grupo. Puedes contactarla por medio de SheilaWrayGregoire@kregel.com o visitar: www.ToLoveHonorandVacuum.com para más detalles.